国家文物局

主 编

中 国

重要考古发现

文物出版社

2025·4

图书在版编目（CIP）数据

2024 中国重要考古发现 ／ 国家文物局主编 ． —— 北京 ：
文物出版社，2025．4． —— ISBN 978-7-5010-8761-7

Ⅰ．K87

中国国家版本馆 CIP 数据核字第 2025WA3214 号

2024 中国重要考古发现

主　　编：国家文物局

责任编辑：戴　茜
　　　　　吴　然

英文翻译：李冬冬

书籍设计：特木热

责任印制：张　丽

出版发行：文物出版社

社　　址：北京市东城区东直门内北小街 2 号楼

邮　　编：100007

网　　址：http://www.wenwu.com

邮　　箱：wenwu1957@126.com

经　　销：新华书店

印　　刷：宝蕾元仁浩（天津）印刷有限公司

开　　本：787mm×1092mm　1/16

印　　张：13.5

版　　次：2025 年 4 月第 1 版

印　　次：2025 年 4 月第 1 次印刷

书　　号：ISBN 978-7-5010-8761-7

定　　价：98.00 元

*National Cultural
Heritage Administration*

MAJOR ARCHAEOLOGICAL
DISCOVERIES IN

Cultural Relics Press
Beijing 2025

协作单位

中国国家博物馆

中国社会科学院考古研究所

中国科学院古脊椎动物与古人类研究所

北京市考古研究院

河北省文物考古研究院

山西省考古研究院

内蒙古自治区文物考古研究院

吉林省文物考古研究所

黑龙江省文物考古研究所

南京市考古研究院

浙江省文物考古研究所

江西省文物考古研究院

山东省文物考古研究院

河南省文物考古研究院

洛阳市考古研究院

武汉大学历史学院

湖南省文物考古研究院

广州市文物考古研究院

广西文物保护与考古研究所

重庆市文物考古研究院

四川省文物考古研究院

陕西省考古研究院

西安市文物保护考古研究院

青海省文物考古研究院

新疆维吾尔自治区文物考古研究所

目 录 CONTENTS

前 言 PREFACE

  2024 年是实现"十四五"规划目标任务的关键一年，也是考古事业高质量发展迈出坚实步伐的奋进之年。党的二十届三中全会就"深化文化体制机制改革"作出战略部署，明确提出"推动文化遗产系统性保护和统一监管""构建中华文明标识体系"。2024 年 11 月 8 日，《中华人民共和国文物保护法》修订公布，标志着我国文物事业进入依法治理的新阶段。2024 年，全国开展了主动性考古发掘项目 259 项、基本建设考古发掘项目 1481 项，中国考古事业统筹部署、稳步推进、成果显著。

  史前至夏商周考古研究厚积薄发，在泥河湾盆地、青藏高原、东北地区、河套地区、中原地区、长江流域等持续深耕，不断完善远古人类的生活图景。河北阳原新庙庄遗址还原了华北地区晚更新世时期石器技术的发展过程；安徽东至华龙洞遗址出土古人类头骨化石，展现出直立人和智人混合体质的特点，标志着 30 万年前东亚地区的古人类已经向现代人演化过渡。河北宣化郑家沟遗址、内蒙古敖汉旗元宝山积石冢遗址，是近年来红山文化的重大发现，更新了学界对红山文化分布时空范围、丧葬习俗、文化交流互动情况的认知。浙江仙居下汤遗址因稻作农业而繁荣，勾勒出万年上山文化的完整历史发展脉络；衢州石角山遗址为浙西地区首次发现的商周时期双重环壕古城，串联起史前至商周时期闽浙赣皖交界地区的交流网络。河南永城王庄遗址发掘了完整的大汶口文化墓地，为探讨大汶口文化西渐、豫东地区史前聚落社会等级分化等重要问题，提供了第一手资料。湖北盘龙城遗址杨家湾地点发现的夏商时期石砌建筑遗存，进一步还原了遗址晚期的城市面貌，使盘龙城聚落发展与变迁过程更为完整。陕西扶风周原遗址首次确认了西周时期三重城墙，可谓西周都邑考古的突破性进展。

  历史时期考古研究亮点纷呈。陕西宝鸡陈仓下站遗址和山东青岛琅琊台遗址，再现了从战国至秦汉时期逐渐成形的国家祭祀活动场景。城址考古持续取得新进展，河北东垣古城遗址出土"真定长乐"瓦当，实证遗址为汉代真定国国都；河北临漳邺城遗址"千秋门"、北京金中都遗址外城端礼门、黑龙江阿城金上京遗址皇城中路第五殿址等考古新成果进一步揭示了大型古代城址的功能布局和建筑特点，更加清晰地揭示出古代城市规划理念，更让我们看到了各民族交往交流交融的历史趋势。

重要墓葬展现了古代社会的丧葬习俗、礼制传统、思想观念。陕西泾阳小堡子墓地通过随葬品可断定为西汉富民侯田千秋家族墓地，标志着帝陵周边高等级墓园考古工作取得了显著进展。东汉帝陵研究取得重要突破，结合"钟虞"遗址出土的柱础石纪年，确认了洛阳白草坡东汉陵园即为汉桓帝宣陵。江苏南京三国孙吴重臣张昭家族墓地、重庆荣昌清流墓群、陕西西安范氏家族墓地反映了历代世家大族的丧葬与礼俗。新疆巴达木东墓群再次发现唐代高等级官员墓葬，墓志所载"倾慕班超之志"展现了墓主报效祖国、守土固边的情怀；重庆酉阳酉州冉氏土司墓地实行昭穆祔祖而葬制度，出土了镌刻"中华之国，天下安康"的买地券，直接体现了冉氏"变其土俗同于中国"的努力和对"中原"身份的认同。

2024年江西景德镇遗址通过多单位联合发掘与学术攻关，多维度、全链条地呈现出景德镇地区城市规划、人群交流、瓷业发展脉络，再现千年瓷都商贸往来的盛景，也为更好阐释景德镇遗址的突出普遍价值提供了考古学支撑。

本书共选取38项重要发现，冀望既为学界提供前沿研究资料，也向关注中国考古的社会公众呈现中华文明的深厚底蕴和博大精深。2025年是"十四五"规划的收官之年，全体考古工作者将继续聚焦解决重大历史问题，提升考古研究水平，为努力建设中国特色、中国风格、中国气派的考古学贡献力量。

河北阳原

新庙庄旧石器时代遗址

XINMIAOZHUANG PALEOLITHIC SITE IN YANGYUAN, HEBEI

新庙庄遗址位于河北省阳原县新庙庄村西 200 米处的西沟两岸，为冀西北泥河湾遗址群的一处重要地点。与泥河湾盆地旧石器时代遗址多分布于盆地内桑干河及其支流两岸的区域不同，该遗址地处盆地南侧的深山中，海拔较高，约 1200 米。

1984 年，河北省文物研究所在泥河湾盆地进行旧石器专题调查时发现新庙庄遗址；1986 年，对其进行了考古发掘（后编为 1 号地点），发掘面积 33 平方米，发现石制品、动物化石等 5000 余件，石制品以高比例精致修理的工具最具特点，包括大量陡刃加工修理、多层修疤的刮削器和尖状器等，具有西方"莫斯特"技术风格。新庙庄遗址被认为是华北地区最具西方旧石器时代中期石器技术特点的遗址。2016 ～ 2018 年，河北省文物研究所、中国科学院古脊椎动物与古人类研究所、河北师范大学等单位在泥河湾盆地开展旧石器调查，发现旧石器时代地点近 30 处，存在石片石器、细石叶技术等多种石器技术，确认该地区是一处分布密集、延续时间长的晚更新世旧石器时代遗址群。

2022 ～ 2024 年，经国家文物局批准，河北省文物考古研究院、中国科学院古脊椎动物与古人类研究所、北京大学考古文博学院、河北师范大学等单位发掘 2 ～ 5 号地点，并开展系统年代测定与地质地貌及环境研究，目前已确认晚更新世的六期遗存。

第一期，2 号地点下文化层，埋藏于第 4 级阶地底部，光释光测年距今 12 万～ 9 万年。发现大量用火遗迹，可见成片的灰烬以及大量烧骨。发现石制品、动物化石 4000 余件，石制品包括石核、石片、刮削器、尖状器等，属于典型的石片石器技术。

第二期，3 号地点，埋藏于第 4 级阶地中下部，

5 号地点 13 ～ 15 万年

3 号地点 9.5 ～ 8.1 万年

1 号地点 7.5 ～ 6.3 万年

2 号地点 12.9/4.5 ～ 4.2 万年

4 号地点 3.9 ～ 2.5

2 号地点
Location 2

光释光测年距今 9.5 万 ~ 8.1 万年。发现石制品、动物化石 900 余件，石制品包括石核、石片、刮削器、尖状器、锯齿刃器等，属于石片石器技术。

第三期，1 号地点，埋藏于第 4 级阶地上部，光释光测年距今 7.5 万 ~ 6.3 万年。发现石制品 5000 余件，二次加工修理的石器数量多、比例高，有大量陡刃修理、多层修疤的各式刮削器、尖状器以及锯齿刃器等，石器技术体现出"莫斯特"技术风格。

第四期，2 号地点上文化层，埋藏于第 3 级阶地下部，光释光和 ^{14}C 测年距今 4.5 万 ~ 4.2 万年。文化层底部发现集中的用火遗迹，由多块砾石围成，可见灰烬、炭屑、烧骨等。发现石制品、动物骨骼 1.5 万余件，文化层上部发现石叶石核、石叶以及以石叶为毛坯加工的琢背工具与修尖工具等，体现出石叶技术的典型特征。一件骨片边缘保留均匀的三道刻划痕迹，可能反映当时古人类的思维活动。同时发现有经灼烧的赤铁矿岩块，应为古人类通过灼烧改变赤铁矿内部结构，以获取更加适合的制作赤铁矿颜料的原材料，体现出古人类已掌握用火来改变岩块性质的复杂性行为。

第五期，4 号地点，埋藏于第 3 级阶地上部，距今 3.9 万 ~ 2.5 万年，发现距今 3.9 万 ~ 3.7 万、3.6 万 ~ 3.4 万、2.9 万、2.7 万 ~ 2.6 万、2.5 万年共 5 个阶段的遗存。距今 2.7 万 ~ 2.6 万年阶段发现大量细石叶石核、细石叶、拇指盖刮削器、琢背刀、雕刻器等，具备细石叶技术典型特征。第 1 ~ 3 阶段发现细石叶化的石制品，在第 1 阶段发现磨制的石质、鸵鸟蛋皮装饰品各 1 件，在第 3 阶段发现集中分布的烧石以及磨制的鸵鸟蛋皮串珠装饰品 1 件。

第六期，5 号地点，埋藏于第 2 级阶地，主体文化层第⑥层的 ^{14}C 测年距今 1.7 万 ~ 1.5 万年，最下部光释光测年距今 1.8 万年，第④、⑤层的年代应延续至更晚，整体跨越旧石器时代向新石器时代的过渡阶段。发现多层古人类加工石器的活动面，文化层底部揭露一处原地埋藏的古人类活动面，发现一座热处理石料炉。炉呈不规则椭圆形，最大径约 1 米，炉内发现灰烬、红烧土等，周围散布烧过的石块、石制品、废料等。石制品共 7 万余件，包括楔形细石核毛坯、细石核、细石叶以及锛状器、矛头、各式刮削器、拇指盖刮削器、两面器等，属于典型的楔形细石核—细石叶技术。该地点为一处楔形细石核技术石器初级加工场，与盆地中部虎头梁遗址群旧石器时代向新石器时代过渡阶段遗址的石器原料、技术类型一致，可能是虎头梁遗址群石器原料的来源。该地点还发现串珠、螺等装饰品 100 余件，串珠类装饰品有不同形制、不同加工阶段的标本，系统展示了串珠类装饰品的加工工艺流程。

新庙庄遗址发现贯穿晚更新世的六个不同时期的遗存，在华北地区晚更新世石器技术演变、早期现代人的出现与演化、旧石器时代向新石器时代的过渡等热点问题上都具有突出的学术价值。

第一，构建起华北地区晚更新世旧石器时代的文化序列。遗址发掘揭露整个晚更新世的六期遗存，发现石片石器、"莫斯特"技术风格石器、石叶、细石叶、楔形细石核—细石叶等华北地区所有石器技术类型，特别是距今约 5 万年以来的文化序列接近完整，为探索华北地区晚更新世石器技术演变与现代人起源提供了系统材料。

第二，发现了华北地区最早的石叶技术。2 号地点上文化层发现特征明确的石叶技术石制品，时代距今 4.5 万～4.2 万年，是华北地区首次发现的石叶技术遗存，填补了华北地区石叶技术的空白。与发现于中国北方水洞沟、通天洞等遗址由西方传入的石叶技术不同，该遗址发现的石

2 号地点下文化层用火遗迹
Remains of Fire Use from Lower Layer of Location 2

2 号地点上文化层遗物出土情况
Artifacts Unearthed from Upper Layer of Location 2

2 号地点上文化层底部用火遗迹
Remains of Fire Use at the Bottom of Upper Layer of Location 2

4 号地点
Location 4

4 号地点烧石出土情况
Burnt Stones Unearthed from Location 4

5 号地点
Location 5

5 号地点文化层底部古人类活动面
Occupation Surfaces of Ancient Human at the Bottom of
Layer of Location 5

5 号地点文化层底部热处理石料炉
A Heat-treated Kiln for Stone Raw Materials at the
Bottom of Layer of Location 5

叶技术与该遗址发现的更早的具有"莫斯特"技术风格的石器技术存在联系，表明华北地区石叶技术的起源存在其他模式，为探索华北地区石叶技术起源、现代人的起源等问题提供了重要材料。

第三，发现了华北地区最早阶段的细石叶技术。4 号地点距今 2.7 万～2.6 万年的文化层发现典型的细石叶技术遗存，是华北地区最早阶段的细石叶技术。该层位曾发现多个更早的文化层，与 2 号地点上文化层距今 4.2 万余年的石叶技术共同形成更加完整的发展链条，揭示了细石叶技术从萌芽、发展到成熟的过程，为探索华北地区细石叶技术的起源提供了系统材料。

第四，首次在东亚地区发现了热处理石料炉。5 号地点揭露一处楔形细石核—细石叶技术的石器初级加工场，时代距今 1.8 万～1.5 万年，甚至延续至更晚，与盆地中部虎头梁遗址群旧石器时代向新石器时代过渡阶段遗址在时代、石器技术等方面高度一致，很可能是以于家沟遗址为代表的虎头梁遗址群的石器原料来源，进一步丰富了中国北方旧石器时代向新石器时代过渡的材料。该地点揭露的热处理石料炉在东亚地区属首次发现，全面展示了旧石器时代晚期古人类热处理石料的方式与古人类行为能力的复杂化。

第五，发现了丰富的反映早期现代人行为的现代性与复杂性的遗存。2 号地点上文化层发现有集中用火遗迹、丰富的石叶技术石制品、经灼烧用于制作颜料的赤铁矿石及有意识刻划的骨片，4 号地点发现距今约 3.9 万年的装饰品、丰富的烧石，5 号地点发现经规划布置的石器加工场、复杂的石料热处理遗迹及丰富的装饰品，为探索华北地区早期现代人行为的复杂化、象征行为的多样性提供了丰富资料。

第六，发现了系统反映古人类逐步发展的用火方式与用火能力的遗存。2 号地点下文化层发现丰富的用火遗存，上文化层发现集中用火遗迹，并发现有经灼烧处理的、用于制作颜料的赤铁矿岩块；4 号地点发现密集分布的烧石；5 号地点发现热处理石料炉。这些发现反映了古人类在晚更新世用火能力的逐步提升，并在距今约 5 万年时掌握了用火来改变赤铁矿岩石性质的能力，开始了促进物质产生物理、化学变化的实践，标志着古人类能力的极大提升，也为其后陶器的产生做好了技术准备。

（供稿：王法岗　李锋　郭玉杰）

1 号地点出土石器
Stone Tools Unearthed from Location 1
—

2 号地点上文化层出土石叶技术石制品
Blades Unearthed from Upper Layer of Location 2

3 号地点出土石器
Stone Tools Unearthed from Location 3

4 号地点出土烧石
Burnt Stones Unearthed from Location 4

2 号地点上文化层出土刻划骨片、经灼烧的赤铁矿岩块
Carved Bone Fragment and Heated Hematite Unearthed from Upper Layer of Location 2

5 号地点出土装饰品
Decorations Unearthed from Location 5

5 号地点出土石器
Stone Tools Unearthed from Location 5

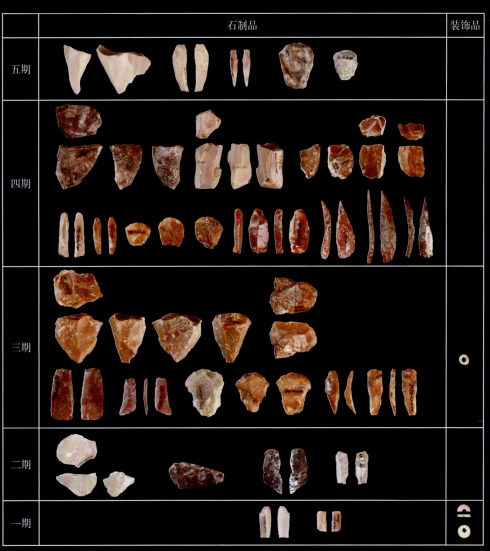

	石制品					装饰品
五期						
四期						
三期						
二期						
一期						

4 号地点出土遗物
Artifacts Unearthed from Location 4

The Xinmiaozhuang Site is located in 200 meters west of Xinmiaozhuang Village in Yangyuan County, Hebei Province, on both banks of the Xigou River. It is an important site among the archaeological sites in the Nihewan Basin, located in northwest Hebei. Discovered in 1984, the site has attracted widespread attention due to the presence of Mousterian lithic tools. From 2022 to 2024, the Hebei Provincial Institute of Cultural Relics and Archaeology, along with other institutions, conducted excavations at the site, identifying remains from six periods. A variety of stone tool types were discovered, including flake tools, Mousterian lithic tools,

blades, microblades, and wedge-shaped microcores, representing all the stone tool technologies and types from northern China. Notably, the site yielded a heat-treated kiln for stone raw materials, which is the first of its kind in East Asia. The Xinmiaozhuang Site spans the Late Pleistocene, establishing a cultural sequence for the Paleolithic period in Northern China. This finding is of significant academic value for research on the evolution of lithic technology in Huabei region during the Late Pleistocene, the emergence and evolution of early modern humans, modern human behavior and art, and the transition from the Paleolithic to the Neolithic.

安徽东至
华龙洞遗址

HUALONG CAVE SITE IN DONGZHI, ANHUI

华龙洞遗址位于安徽省池州市东至县尧渡镇汪村庞汪组，地处梅源山南麓、长江下游偏西地带，周边呈现低山—丘陵—湖泊—平原的地貌景观。遗址发现于 1988 年，2006 年，安徽省文物考古研究所对其进行了首次发掘。2014 ~ 2024 年，中国科学院古脊椎动物与古人类研究所、安徽省文物考古研究所和东至县文物管理所组成联合考古发掘队，对华龙洞遗址开展了系列发掘和研究，累计发现超过 20 个个体的古人类标本、400 余件古人类制作使用的石器、大量具有人工切割砍砸痕迹的骨片和 80 余种动物化石。

华龙洞遗址是一处坍塌的溶洞，洞穴演化和遗址堆积物形成过程大致可划分为三个形成阶段：发育初期（中更新世早期甚至更早）、稳定发育期（中更新世中晚期）和坍塌埋藏期（中更新世中晚期—晚更新世早期）。岩溶发育和洞外溪谷的侵蚀使得原始洞穴和堆积物一起在重力作用下坍塌。对发掘过程中提取的洞穴次碳酸盐碎屑、混杂在堆积裂隙中的水滴石沉积以及动物牙齿化石进行不平衡铀系测年，结果显示华龙洞遗址的化石埋藏年代为距今 33 万 ~ 28 万年，属中更新世晚期，古人类在遗址的活动时间处在距今约 30 万年的稳定发育期。华龙洞遗址是继北京周口店遗址之后，在中国境内发现的同时包含有丰富人类化石、石制品和动物群的重要综合性古人类遗址，其内涵和学术价值体现在以下六个方面。

华龙洞遗址

2024 年发掘现场
Excavation Site in 2024

　　第一，华龙洞人是东亚地区发现的向智人演化的最早古人类。华龙洞遗址出土了丰富的古人类化石，2006 ~ 2024 年，华龙洞遗址累计发现人类化石碎片 43 件，根据化石出土时间顺序和拼接复原，编号为 27 件，包括 2006 年 2 件（HLD 1、2 号）、2014 年 3 件（HLD 3 ~ 5 号）、2015 年 8 件（HLD 6 ~ 13 号）、2018 年 3 件（HLD 14 ~ 16 号）和 2024 年 11 件（HLD 17 ~ 27 号）。其中 HLD 6 号个体为保存较为完整的头骨及其下颌骨，由 20 件碎片拼接而成。

　　研究显示，华龙洞人的头盖部、面部、肢骨和牙齿，都具有原始和衍生的混合体质特点，一方面保留有直立人的部分原始特征，如粗壮的眉上圆枕、向后倾斜的额部和较小的脑容量等；另一方面，其面部和下颌部已经开始向智人过渡，表现在头骨纤细化、面部扁平、颧骨缩小、眼眶较高、牙齿较小以及出现了智人标志性特征——下巴的初始状态。华龙洞人是迄今东亚地区呈现出现代人特征最多、年代最早的从古老型人类向智人演化的古人类。华龙洞古人类化石为东亚地区中更新世晚期人类演化和现代人起源提供了关键证据，证实在 30 万年前的东亚地区已经出现了

华龙洞人颅面复原形象
The Facial Reconstruction of Hualong Cave Hominin

与现代智人相关的现代形态。

第二，该遗址是探讨现代人行为出现的最理想地点。华龙洞遗址出土了 400 余件石器，原料以石英、燧石、玄武岩为主，兼有少量灰岩与火成岩。用于切割的工具甚少，基本为刮削与砍砸的工具。刮削器是最多的器形，修理不精致，多见一个边刃，边缘较钝，具有旧石器时代晚期工业的特征。古人类采取锤击法对质地较好的燧石结核进行剥片和加工，出土的燧石石片边缘均保留有古人类使用过的痕迹。针对石英原料则采取砸击法制作石器，反映了古人类多样化的适应策略。迄今在我国发现古人类化石并伴出石器的遗址非常罕见，华龙洞遗址是继北京周口店遗址之后，在我国发现的同时发现丰富古人类化石和石器数量最多的中更新世晚期古人类遗址，为探讨古人类现代人行为的出现提供了重要研究材料。

第三，全面揭示了古人类食物获取和利用的方式。华龙洞遗址出土了大量动物碎骨，分布密集，一些动物骨骼表面有切割、砍砸等痕迹，但鲜见动物啃咬痕迹，推测这些破碎的骨骼是古人类宰杀食用动物后的残余。华龙洞在当时已成为人类长期活动的场所，许多动物在这里被宰杀和食用。

第四，动物资源丰富，发现了世界上最小型的猫科动物。华龙洞遗址出土了数量众多、种类丰富的动物化石，目前已鉴定出 8 目 24 科 81 种（含未定种）哺乳动物。巨型动物丰富，包括大额牛、犀牛、马、巨貘和熊科动物等，缺失早更新世典型动物，以现代野猪—鹿为主体的晚更新世动物群尚未形成。目前已灭绝的种类有东方剑齿象、巨貘、巴氏大熊猫、谷氏大额牛、大角鹿等。总体上属于大熊猫—剑齿象动物群，但混有若干北方动物。出土了超小型猫科动物化石——柯氏豹猫，此前我国没有任何关于豹猫化石种的记录。

第五，为重建古环境提供了必要资料。小型哺乳动物迁移能力有限，对环境变化敏感，是指示古环境的最好研究材料。华龙洞遗址出土了丰富的体重小于 5 千克的小型哺乳动物，目前已鉴定出 3 目 10 科 38 属 49 种小型哺乳动物化石标本，其中包括 2 个已灭绝的物种：翁氏麝鼩（*Crocidura wongi*）和变异相似仓鼠（*Cricetinus varians*）。东

动物碎骨堆积情况
Accumulation of Fragmented Animal Bones

动物碎骨分布情况
Distribution of Fragmented Animal Bones

洋种和古北种混合出现，表明华龙洞人生存在森林和草地混合的古环境中。

第六，该遗址是科研、科普和研学基地。东至县政府高度重视华龙洞遗址的保护与利用工作，设立华龙洞遗址管理处加强日常管理，实施华龙洞遗址保护项目和安防项目，确保文物本体安全。新建了华龙洞遗址陈列馆，面向公众展示考古发掘成果。依托华龙洞遗址，建设了多途径的宣传与学术研究平台，打造文旅新模式，为文旅融合与乡村振兴的协调发展赋能。目前，华龙洞遗址和华龙洞遗址陈列馆正式向公众开放，已成为科研、科普和研学的重要基地。

（供稿：吴秀杰　金泽田　邓国栋　刘武）

人类化石
Human Fossils

石器
Stone Tools

带有人工切割痕迹的动物骨骼
Animal Bones with Cut Marks

带有人工砍砸痕迹的石器
Stone Tools with Chopping Marks

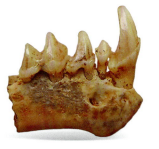

小型哺乳动物化石
Small Mammal Fossils

狝猴头骨化石
Macaca Mulatta Skull Fossil

柯氏豹猫化石
Prionailurus Kurteni Fossil

斑鹿上颌骨化石
Sika Maxilla Fossil

Hualong Cave Site is located in Pangwang Group, Wang Village, Yaodu Town, Dongzhi County, Chizhou City, Anhui Province. The site was situated at the southern foothills of Meiyuan Mountain in the western part of the lower Yangtze River region. Hualong Cave Site was discovered in 1988. From 2014 to 2024, the Institute of Vertebrate Paleontology and Paleoanthropology, Chinese Academy of Sciences, along with other institute conducted a series of excavations and research. A group of ancient humans with more than 20 individuals, over 400 stone tools manufactured and used by ancient humans, a large number of bone fragments with evidence of intentional cutting and smashing, and fossils from more than 80 animal species were unearthed. Through comprehensive studies employing isotopic dating, faunal analysis, and stratigraphic correlation, the occupation period of the Hualong Cave individuals has been dating to 300,000 years ago. The Hualong Cave hominin represents the earliest ancient human from archaic to modern humans in East Asia. The discovery of this site provides crucial materials for exploring human evolution, dispersal, and behavioral patterns.

陕西富平石川河流域旧石器时代遗址群

PALEOLITHIC SITES IN THE SHICHUAN RIVER BASIN, FUPING, SHAANXI

陕西地处中国内陆腹地，由南到北可分为南部秦巴山区、中部渭河盆地、北部黄土高原三个地貌单元。多样的地貌环境和水热条件，非常适宜古人类的生存与繁衍。这里是中国最早的旧石器发现地之一，经过诸多学者的艰辛努力，取得了许多重要的考古发现和研究成果。陕西南部的旧石器考古工作开展充分且成果丰硕，陕西中、北部的局部地区有一些重要发现，尚存在许多空白区域，亟待通过科学和系统的旧石器考古调查、发掘工作予以充实。

为进一步推进陕西中北部地区的旧石器考古研究，2022～2024 年，陕西省考古研究院、中国科学院古脊椎动物与古人类研究所、南京大学地理与海洋科学学院、渭南市博物馆、富平县文化和旅游局等单位在陕西中部、渭河左（北）岸

一级支流——石川河流域开展了旧石器时代遗址调查工作，在石川河流域（富平段）新发现了旧石器时代遗址 12 处，并对其中的朱黄堡遗址进行了考古发掘，取得了重要成果。

新发现的 12 处旧石器时代遗址中，8 处位于石川河右岸，其余 4 处位于石川河左岸。石川河右岸诸遗址的石制品主要埋藏于石川河第三级阶地上覆的黄土—古土壤层中，以周家坡、庙沟遗址为代表。自下部的 S6 古土壤层至上部的 L1 黄土层，几乎各个时期的地层中均发现有石制品，其中 S1、S2、S5 古土壤层和 L1 黄土层中发现的石制品尤为丰富。根据黄土—古土壤序列对比分析，石川河右岸诸遗址发现的石制品年代距今 60 余万～3 万年。石川河左岸 4 处遗址均位于石川河第二级阶地部位，以朱黄堡遗址最具代表性。

周家坡遗址地层剖面
Stratigraphic Profiles of the Zhoujiapo Site

庙沟遗址地层剖面
Stratigraphic Profiles of the Miaogou Site

石制品自下至上分别埋藏于河流相地层和L3–S2–L2–S1的黄土—古土壤层或同时期的黄土状地层、L1黄土层中。根据黄土—古土壤序列对比分析及初步的光释光测年结果，朱黄堡遗址旧石器时代遗存的绝对年代为距今30余万～4万年。

为充分了解朱黄堡遗址的内涵，并为后续保护提供科学依据，经国家文物局批准，2022年起，考古工作者对其进行了抢救性考古发掘。

考古发掘工作持续三年，累计发掘面积900余平方米。

由于朱黄堡遗址的文化堆积呈倾斜状分布，故在发掘中将旧石器时代遗址和新石器时代遗址的发掘方法进行了有效结合。首先，依据土质、土色、包含物的不同区分文化层；其次，按照文化层的自然坡度，在每个文化层内以0.1米为一水平层逐层进行发掘；再次，在单个探方内以1

朱黄堡遗址地层剖面
Stratigraphic Profiles of
the Zhuhuangbao Site

朱黄堡遗址遗物分布情况
Distribution of Artifacts at the
Zhuhuangbao Site

米 ×1 米为记录单元，通过全站仪、RTK 等设备全面、精确记录出土遗物的分布状况及其三维坐标和产状信息；最后，对发掘出土的堆积物全部过筛，对重点单位的土样进行浮选、筛洗。发掘过程中，还同步开展了地貌分析、环境分析、黄土—古土壤序列对比、光释光测年以及三维扫描建模等多学科研究工作。

朱黄堡遗址保存了十分丰富的旧石器时代遗迹和遗物。遗迹包括古人类用火遗迹 3 处，其中有 1 处具有类似火塘的结构。遗物以石制品为大宗，总计 2.6 万余件，另有 500 余件动物化石。大部分遗物出土于中部的黄土状地层中（可对应 L3 黄土层、S2 古土壤层、L2 黄土层和 S1 古土壤层），少量埋藏于下部的河流相地层和上部的 L1 黄土层中。黄土状地层呈坡状分布，富含角砾。

出土遗物的倾向、倾角、长轴方向等产状信息均表明其曾受到流水的改造，遗物存在二次搬运的迹象，但大部分石制品边缘仍较锋利，推测搬运距离不长，遗物出土地点距原始位置并不远。石制品包括石锤、石核、石片、石器、断块、碎屑等，几乎涵盖了石器生产的各个环节。动物化石多较破碎，可辨种属以鹿、牛、马等大型食草类哺乳动物为主。

石制品的初步分析结果显示，石川河流域的石器工业整体上仍属于中国北方石片石器技术体系，从早到晚表现出连续发展、不断精进的特点，并在中更新世晚期至晚更新世早期阶段出现了少量的阿舍利技术石制品组合。距今 60 余万～30 万年的石制品原料以石英岩为主，石英次之；剥片多采用硬锤锤击法直接剥片；

石器主要为石片石器，多见中小型刮削器、凹缺器，修理多较为简单，属于典型的石片石器技术。距今30万～7万年的石制品原料仍以石英岩为主，同时石英原料的比例增大；剥片技术也有了显著进步，新出现了较规范的盘状石核、单台面定向剥片漏斗状石核；石器以中小型刮削器为主体，凹缺器、尖状器、石锥亦较多，还有少量的砍砸器、手斧、手镐等重型工具，经过第二步加工修理的石器数量多、比例高，且存在较多陡刃修理、多层修疤的各式刮削器，石器修理较为精细。这一时期的石器技术呈现出复杂化、多样化的趋势。距今7万～3万年的石制品数量相对较少，但仍可看出其基本延续了前一阶段的技术面貌，并表现出逐步小型化、规范化、精细化的特征，呈现出旧石器时代中期向晚期过渡的特点。

石川河流域旧石器时代遗址群的发现和发掘具有十分重要的学术价值。第一，填补了陕西渭北中部广大区域旧石器时代遗址考古发现的空白，集中展现了渭北地区古人类长时段的生活图景，将该地区最早的古人类活动时间从距今约7000年追溯至距今60余万年。第二，首次在渭北地区发现了原位埋藏的手斧、手镐、盘状石核等重要遗物，进一步丰富了黄河中游和环秦岭地区的旧石器文化内涵，为探讨中国内陆地区含阿舍利技术石制品组合的分布范围及其所反映的人群扩散与技术适应等问题提供了新线索。第三，根据坚实的地层埋藏学和年代学证据，初步构建起渭北黄土高原与关中盆地过渡地区长达60余万年基本完整、一脉相承、不断精进的旧石器文化发展演变序列，更加有力地实证了中国古人类文化的连续发展演化历程。

（供稿：张鑫荣　景玉薇　张改课　王社江）

朱黄堡遗址古人类用火遗迹
Remain of Fire Use at the Zhuhuangbao Site

朱黄堡遗址动物化石出土情况
Animal Fossils Unearthed from the Zhuhuangbao Site

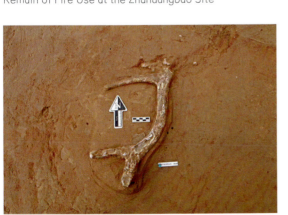

朱黄堡遗址动物化石出土情况
Animal Fossil Unearthed from the Zhuhuangbao Site

朱黄堡遗址动物化石出土情况
Animal Fossil Unearthed from the Zhuhuangbao Site

石川河右岸调查发现的石制品（S6 与 S5 古土壤层）
Stone Artifacts Discovered During the Survey on the Right Bank of the Shichuan River (from paleosol layer S6 and layer S5)

石川河右岸调查发现的石制品（S4 古土壤层）
Stone Artifacts Discovered During the Survey on the Right Bank of the Shichuan River (from paleosol layer S4)

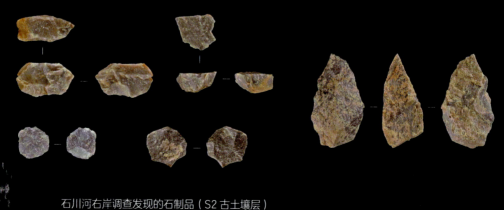

石川河右岸调查发现的石制品（S2 古土壤层）
Stone Artifacts Discovered During the Survey on the Right Bank of the Shichuan River (from paleosol layer S2)

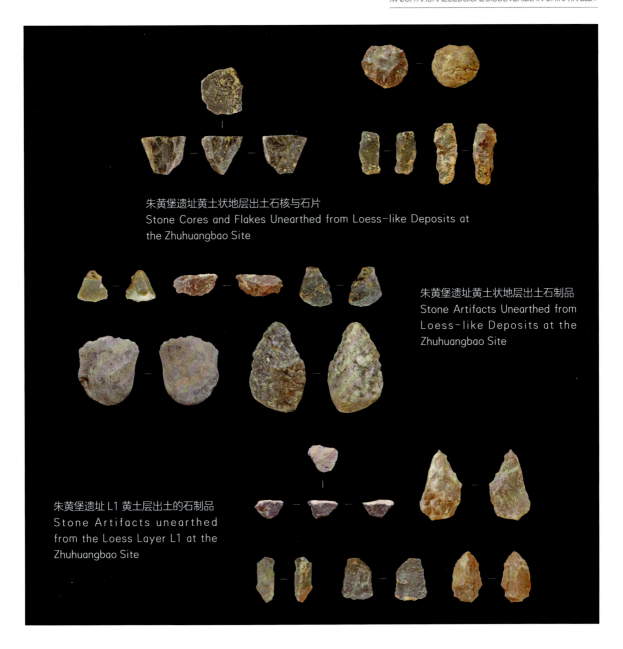

朱黄堡遗址黄土状地层出土石核与石片
Stone Cores and Flakes Unearthed from Loess-like Deposits at the Zhuhuangbao Site

朱黄堡遗址黄土状地层出土石制品
Stone Artifacts Unearthed from Loess-like Deposits at the Zhuhuangbao Site

朱黄堡遗址 L1 黄土层出土的石制品
Stone Artifacts unearthed from the Loess Layer L1 at the Zhuhuangbao Site

From 2022 to 2024, the Shaanxi Academy of Archaeology, along with other institutions, discovered 12 new Paleolithic sites in the Shichuan River Basin (Fuping section), a first-tier tributary of the Wei River in central Shaanxi. These sites could date from over 600,000 to 30,000 years ago. Among them, the Zhuhuangbao Site was excavated over an area of more than 900 square meters, revealing three remains of hominid use of fire, over 26,000 stone artifacts, and more than 500 animal fossils. The absolute dating of the site places its occupation between approximately 300,000 and 40,000 years ago. A preliminary analysis of the stone artifacts suggests that the lithic industry in the Shichuan River Basin primarily belongs to the flake tool tradition of northern China, characterized by a continuous trajectory of development and refinement over time. Notably, a small assemblage of Acheulean tools was identified, dating to the late Middle Pleistocene to early Late Pleistocene. The finding significantly bridges a gap in the archaeological record of Paleolithic sites in the central Wei River region of Shaanxi Province, offering new evidence on the distribution of Acheulean tool assemblages in inland China and their implications for human dispersal and technological adaptation.

青海玉树吉拉扎
丁都普巴旧石器时代遗址

DINGDU PUBA PALEOLITHIC SITE IN JILAZHA, YUSHU, QINGHAI

近年来，青藏高原史前人类活动是多学科研究关注的热点问题。多个研究团队对史前人类拓殖青藏高原的时间、扩散至高原的途径、适应高寒缺氧环境的方式以及现代藏族人群来源等这一系列重大科学问题进行了大量调查研究。基于新遗址的不断发现和研究手段的不断丰富，史前人类在青藏高原的最早活动时间被不断刷新。甘肃夏河白石崖溶洞以及西藏那曲尼阿底、拉萨邱桑手脚印和阿里梅龙达普等遗址的研究结果显示，现代人最早于距今4万年到达青藏高原腹地，而高原东北部的丹尼索瓦人可能持续生存至距今4万年或者更晚，表明二者可能曾经在高原上共存，为丹尼索瓦人和早期现代人在青藏高原发生基因交流提供了可能。青藏高原腹地至今还未发现确切的丹尼索瓦人活动痕迹。实际上，青藏高原发现的旧石器时代遗址数量非常有限，大部分集中分布于青海湖盆地及其周边，而自青海湖盆地至青藏高原腹地这一区域的旧石器时代

遗址几乎是空白。青海玉树吉拉扎丁都普巴遗址的考古发现为解决上述问题提供了重要契机。

吉拉扎丁都普巴遗址（以下简称"丁都普巴遗址"）是一处旧石器时代洞穴遗址，位于青海省玉树藏族自治州玉树市巴塘乡吉拉扎寺背后的灰岩山体上。该洞穴坐东朝西，前为宽阔平坦的巴塘盆地河谷，西距巴塘河约500米，拔河高度约30米，海拔3838米。遗址于2021年由兰州大学在第二次青藏高原综合科学考察中发现，2023年和2024年，青海省文物考古研究院和兰州大学对遗址进行了正式考古发掘，发现了丰富的考古遗存。初步测年结果显示，该遗址最早形成时间早于距今4.5万年，是青藏高原少有的早于4万年的考古遗址，对理解青藏高原的早期人类活动历史具有重要意义。同时，该遗址也是青海省境内目前已知最早的考古遗址。

遗址目前发掘深度为5.8米，未发掘至底，地层堆积自上而下可分为10层。其中第①~⑥层

为 2023 年度揭露出的地层堆积。2024 年度发掘新揭露的地层为第⑦、⑧a、⑧b、⑧c、⑨、⑩层，所有地层均自南至北向下严重倾斜。第⑦层主要为用火层，多条黄绿色、黑色和红褐色、黑色条带交替分布，且地层中夹杂一定数量的黑色灰岩块，可能为烧石。此外，该层出土了大量石制品和黑色动物骨骼（可能为烧骨）。

两个年度的考古发掘工作共收集石制品 7000余件（包括砾石、断块等）、动物骨骼约 6000 件，还有少量炭屑、植物遗存、陶片等。石制品原料主要包括灰绿色石英砂岩、白色石英、少量硅质岩和硅质灰岩等，与附近河床上的砾石原料组成一致；石制品主要由简单石核—石片技术打制而成，类型包括石核、石片、刮削器、锯齿刃器、断块等，石核利用率较低，剥片次数较少，多数石片可见砾石面，石器打制方法主要有锤击法和砸击法。动物骨骼保存较好，埋藏环境导致表面普遍呈黑红色，骨骼部位以肢骨为主，还可见到牙齿、肋骨、掌骨、椎骨、肩胛骨、下颌骨等，初步鉴定有羊亚科（主要为岩羊、盘羊等）、牛科等食草类动物和少量大型食肉类动物骨骼。此外，在发掘过程中还发现了少量炭化植物遗存（疑似果核），并揭露出大面积用火层（第⑦层），收集到用火层中大量完整的炭屑。

丁都普巴遗址出土的丰富石制品，为研究古人类的石器制作技术、在遗址的活动内容以及遗址的功能等提供了重要材料。数量多、保存好的动物骨骼，以及较大面积的用火痕迹，对理解丁都普巴遗址古人类的动植物资源获取、加工和消费等行为具有重要意义，并且为回答古人类适应高寒缺氧环境的方式提供了重要的研究材料。在发掘过程中，系统采集的 ^{14}C、光释光、浮选、土壤微形态和沉积物古 DNA 等分析样品，也将为理解丁都普巴遗址的古人类活动提供科学数据。古人类在丁都普巴遗址的活动时间正处于现代人起源、扩散的关键节点，二者在高原上的生存时间重合，这为探讨青藏高原早期人群交流提供了关键信息。

两个年度的考古发掘揭示出，丁都普巴遗址是一处人类活动集中、文化内涵丰富、时间跨度较大的旧石器时代洞穴遗址，具有极其重要的研究价值。对丁都普巴遗址的考古发掘和系统研究，将会填补青海玉树地区万年以前古人类历史的空

2024QYJDT3 西壁地层剖面
Section of the West Wall of Excavation Square 2024QYJDT3

2024QYJDT3 北壁地层剖面
Section of the North Wall of Excavation Square 2024QYJDT3

白，对进一步揭示青藏高原早期古人类的文化面貌、活动历史、时空分布、扩散过程及其高海拔环境适应策略等问题有重要价值，也对深入理解东亚古人类演化历史有重要意义。

（供稿：扎西拉措　张东菊　甄强　李源新）

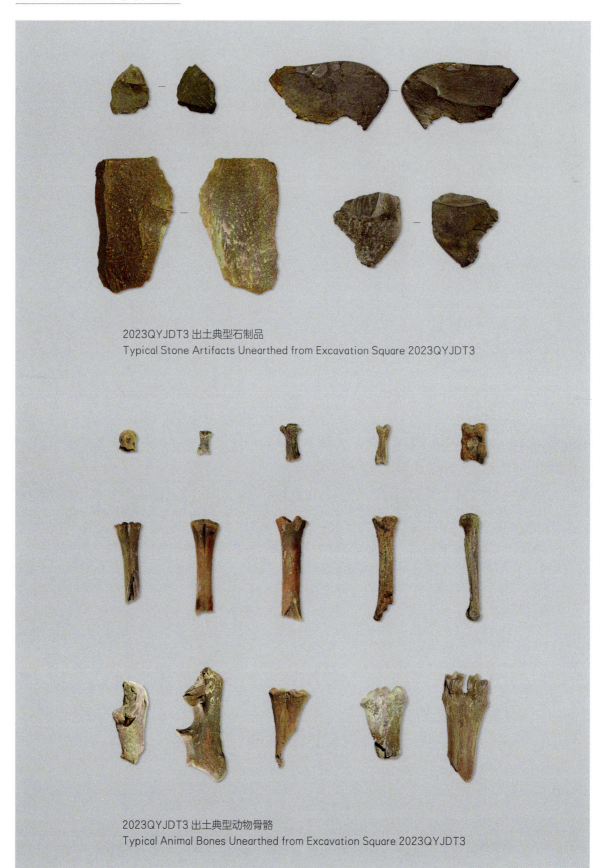

2023QYJDT3 出土典型石制品
Typical Stone Artifacts Unearthed from Excavation Square 2023QYJDT3

2023QYJDT3 出土典型动物骨骼
Typical Animal Bones Unearthed from Excavation Square 2023QYJDT3

2024QYJDT3 出土石制工具
Stone Tools Unearthed from Excavation
Square 2024QYJDT3

2024QYJDT3 出土石片
Stone Flakes Unearthed from Excavation
Square 2024QYJDT3

2024QYJDT3 出土石核
Stone Cores Unearthed from Excavation
Square 2024QYJDT3

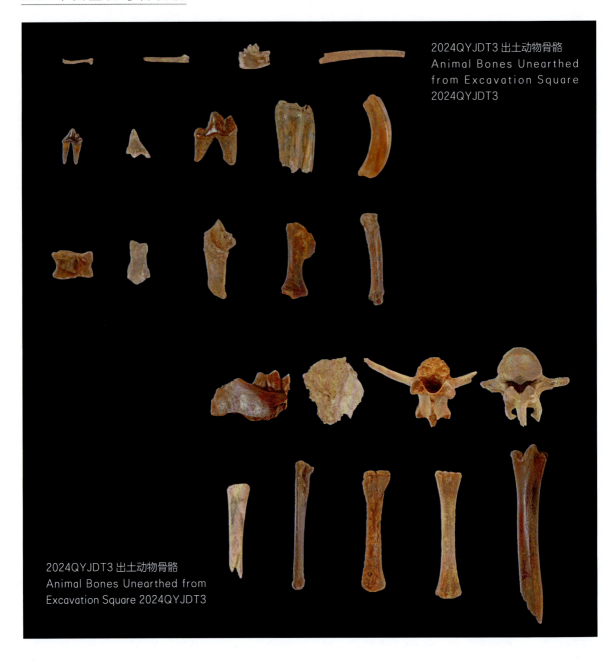

2024QYJDT3 出土动物骨骼
Animal Bones Unearthed
from Excavation Square
2024QYJDT3

2024QYJDT3 出土动物骨骼
Animal Bones Unearthed from
Excavation Square 2024QYJDT3

The Dingdu Puba Site is a Paleolithic cave site located on a limestone mountain behind the Jilazha Temple in Batang Township, Yushu City, Yushu Tibetan Autonomous Prefecture, Qinghai Province. The cave faces west and is approximately 500 meters west of the Batang River. The site, discovered in 2021, underwent formal archaeological excavations in 2023 and 2024 by the Qinghai Institute of Cultural Relics and Archaeology and Lanzhou University. These excavations yielded extensive fire-use layers and a large number of stone artifacts, animal bones, as well as a small amount of charcoal and plant remains. Preliminary dating result indicates that the site was initially formed earlier than 45,000 years ago. The Dingdu Puba Site is a Paleolithic cave site characterized by concentrated human activities, rich cultural deposits, and a long temporal span, holding significant value for further elucidating the cultural features, activity history, spatio-temporal distribution, dispersal processes, and high-altitude environmental adaptation strategies of early ancient human on the Qinghai-Tibet Plateau.

河北宣化
郑家沟遗址

ZHENGJIAGOU SITE IN XUANHUA, HEBEI

郑家沟遗址位于河北省张家口市宣化区塔儿村乡郑家沟村西 100 米处的高地上，东北距宣化古城 30、北距张家口市中心 25 千米。南有桑干河和太行山山脉，北临洋河，东北为燕山山脉，西为阴山山脉，处于"三山两河"之间，为山间丘陵地带，属阴山山系熊耳山延脉，海拔 1014.6 米。经调查，在塔儿村乡郑家沟村周边 3 平方千米范围内，发现 7 个地点，共计 9 座积石冢。

一号积石冢位于遗址东部，2021～2023 年，经国家文物局批准，河北省文物考古研究院联合张家口市文物考古研究所、宣化区文物管理所对其进行了抢救性清理，2024 年开始主动性考古发掘。一号积石冢冢体处于一独立土台上，随土台形状而建，残存平面呈梯形，剖面近半弧形，中、西部较高，北、东、南三侧较低。东西最长边残长 51、南北最长边残长 43、高 0.2～1.47 米，面积约 1448 平方米。

一号积石冢内堆积可为 5 层。第①层（表土层）为黄色风沙土，厚 0.27 米；第②、③层为积石层，均厚约 0.6 米，其内均为石块并夹杂有少量黑色沙土，发现有石棺墓、石匣墓等；第④层为灰黑色垫土，厚约 0.35 米，发现有墓葬、祭祀坑等；第⑤层为灰黄色生土层。

根据目前清理情况可知，整个积石冢由三级土台构成，每级外围均有石块平砌而成的石围墙。石围墙围起的区域平面近梯形，长边位于东侧，短边位于西侧，南、北为两条斜边。整体由东南向西北逐级升高，最外侧的石围墙采用土石混合、分段堆砌的工艺。经测量，第一级土台面积约 260 平方米，第二级土台面积约 640 平方米，第三级土台面积约 1054.6 平方米。以目前冢上结构最清晰的东部为基准进行测量，第一级土台与第二级土台高差约 0.97 米，第二级土台与第三级土台高差约 1.78 米，第三级土台与第一级土台高差约 2.75 米。

根据积石冢内发现遗迹的分布规律，将积石冢分为集中埋葬和集中祭祀两区。集中埋葬区位于积石冢的西南部，第一重石围内共 60 余座，其中中心大墓 2 座，位于第一级土台中心偏东。根据埋葬方式的不同将墓葬分为石棺墓、石匣墓两种类型，有成排、成列分布的特点，也存在上下叠压的现象；均为二次葬，骨骼多不完整，残缺较多，多者有三具头骨及肢骨，少者仅有一根肢骨。石棺墓数量较石匣墓少，呈西北—东南向，四壁由不规整的大石块组成，长 1.3～1.5、宽 0.5～0.9、堆积厚 0.3～0.5 米；人骨均为残断肢骨，随葬器物以天河石、蚌珠常见，偶见玉璧、镯等。石匣墓数量较多，呈西北—东南向，四壁由较薄的石块插入土中构成，规格小于石棺墓，长 0.5～0.9、宽 0.5～0.6、堆积厚 0.15～0.3 米；随葬器物以天河石、蚌珠最为常见。

集中祭祀区位于第二、三级土台的东南部，发现祭祀遗迹 150 余处，可分为"崇石"祭祀坑和人殉坑。"崇石"祭祀坑数量最多，呈梅花状

郑家沟遗址分布图
Distribution Map of the Zhengjiagou Site

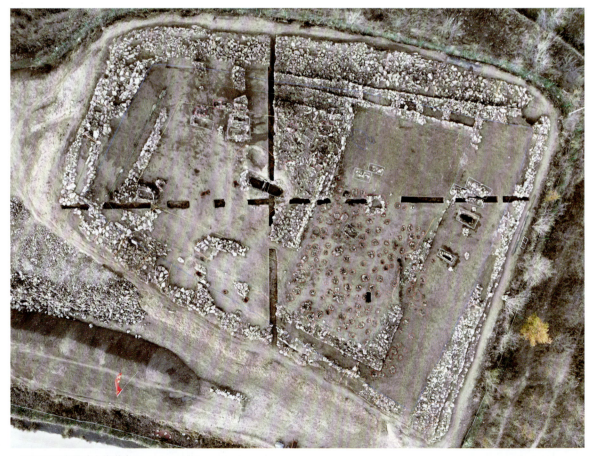

一号积石冢全景（上为北）
Full View of the Stone Tomb No.1 (north at the top)

交错排列，两两相距 0.4 ～ 0.8 米。平面呈圆形或椭圆形，直径 0.3 ～ 0.5、深 0.2 ～ 0.5 米。坑内填满竖立的碎石，碎石间发现有灰黑色烧灰，个别坑内发现有炭粒和人骨。人殉坑数量较少，为近圆形浅坑，直径 0.7 ～ 0.8、堆积厚 0.15 ～ 0.3 米，其内整齐放置有二次葬人骨，在人骨之间和底部散布有天河石、玉斧等。

目前一号积石冢出土器物 200 余件（套），多为祭祀、陪葬性质遗存，另有极少量生活用器，质地分为陶、玉、石、玛瑙、水晶、蚌等。陶器主要为泥质灰陶，少量为夹砂红陶，偶见黑彩彩陶，可辨器形有鼓腹筒形罐、钵、盆等。玉器有玦形熊首龙、斧、三联璧、两联璧、方璧、圆璧、棒形器、仿生玉器、匕形器、镯、指环。石器有绿松石片、天河石等。此外还有螺、蚌、珍珠等制成的饰件。其中，最值得注意的是一件彩绘熊首浮雕，宽约 20、长约 25 厘米，发现于第一级土台西北部，西侧为一石棺墓。经中国社会科学

院考古研究所文物保护实验室清理，其制作工艺为先选定一个区域，将土台上的垫土进行基本塑形，再铺垫红、蓝、白三色小石块及片状穿孔珠饰，后用较纯净的黄土作为地仗层，再于其上涂刷一层白灰，最后进行彩绘。结构类似于后世的壁画，是壁画发展的重要源头之一。

一号积石冢祭祀坑剖面
Section of a Sacrificial Pit in the Stone Tomb No.1

一号积石冢石棺墓
Stone Coffin of the Stone Tomb N0.1

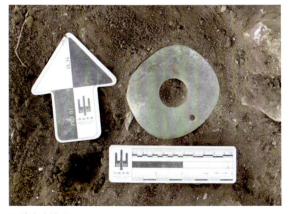

玉璧出土情况
Jade *Bi*-disc in Situ

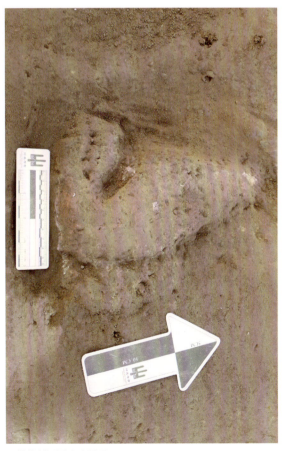

彩绘熊首浮雕出土情况
Painted Bear-head Relief Sculpture in Situ

中国社会科学院考古研究所对一号积石冢出土的 6 个人骨样本进行了 ^{14}C 年代学测定，结果多为距今 5021～4887 年。美国 BETA 实验室对一号积石冢出土的 7 个炭粒样品进行了 ^{14}C 年代学测定，结果多为距今 5200～4800 年。以上测年结果与一号积石冢出土彩陶、玉器等器物类型学研究的结果一致，郑家沟一号积石冢的年代处于红山文化晚期并已越过了辽西地区红山文化的下限。

一号积石冢的营建应有精心规划，并经历了一个漫长的营建过程，并非一次形成。从地理位置看，积石冢位于山梁之上，向北可俯瞰整个宣化盆地，视野良好。从营建过程看，先根据整个土丘形状进行修整，高处找平，低处垫土；后按照功能划分为墓葬、祭祀区，并逐级垫土形成土台，外围用石围加固；最后，当整个积石冢废弃之时，在其顶部用石块封砌，形成积石冢。

郑家沟一号积石冢与内蒙古赤峰、辽宁朝阳地区红山文化积石冢相比年代较晚，结构不尽相同，冢周围未发现罐、塔形器、筒形器等祭祀性彩陶器，故其并非单纯的红山文化遗址。冢上出土的陶器、彩陶、天河石饰、蚌饰等独具特色，可称为一独立的考古学文化，是一批全新的材料。

若从"红山系"或"红山化"早期国家文明社会化演进过程的角度来看，郑家沟遗址可能为这一进程中的关键一环，积石冢这类红山文化的典型遗存与高等级的玉器，是早期国家文明在思想上政治化、制度化的一种物质体现。

红山文化发源于内蒙古赤峰，辽宁西部牛河梁遗址群是红山文化社会中晚期的祭祀礼仪中心。近年在河北承德与张家口地区陆续发现的这批积石冢遗存与发现的含有彩陶类遗存的聚落址，分布地域广阔，数量丰富，种类多样，说明河北北部可能是红山文化晚期人群活动的重要区域，不仅延长了红山文化的年代下限，还极大地扩展了红山文化人群的活动范围，显示了红山文化由东北向西南的发展新趋势。郑家沟遗址作为冀西北地区史前时期独具特色与代表性的遗址，不仅是中华文化与文明多元一体格局奠基时期的典型实例，也为研究不同经济类型、不同传统文化之间的交流、碰撞在文明起源与古国出现过程中的作用等问题提供了新资料，凸显出冀西北地区"三岔口""古文化熔炉"的地域特点。

（供稿：龚湛清　迟畅　赵嘉玮　张丙瑞）

蚌珠
Shell Beads

彩陶片
Painted Pottery Fragment

陶罐
Pottery Jar

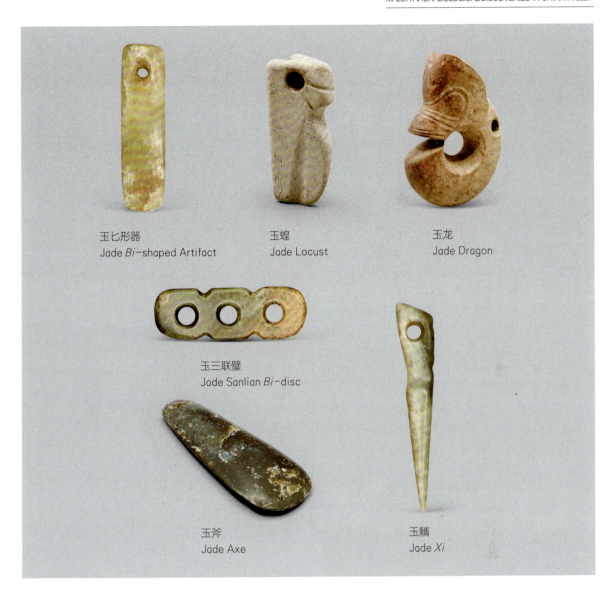

玉匕形器
Jade *Bi*-shaped Artifact

玉蝗
Jade Locust

玉龙
Jade Dragon

玉三联璧
Jade Sanlian *Bi*-disc

玉斧
Jade Axe

玉觿
Jade *Xi*

The Zhengjiagou Site is located in Zhengjiagou Village, Ta'er Village Township, Xuanhua District, Zhangjiakou City, Hebei Province. A total of nine stone tombs have been discovered at the site. Stone tomb No.1 is situated on an earthen platform, with its remaining plan showing a trapezoidal shape and its section approximating a semi-arc. Stone tomb No.1 ranges in height from 0.2 to 1.47 meters and covers an area of approximately 1,448 square meters. Excavations discovered three layers of stone walls, three levels of earthen platforms, over 60 locations yielded human bones, and more than 150 sacrificial pits. Over 200 artifacts made of pottery, jade, and stone were unearthed. Radiocarbon dating of samples from the stone tombs indicates a timeframe of approximately 5021-4887 years ago, placing them in the late Hongshan Culture period and extending beyond the conventional end date of the Hongshan Culture in the western Liaoning region. The stone tombs at the Zhengjiagou Site represent the first discovery and excavation of typical Hongshan Culture remains in the northwestern Hebei region, far from the core area of the Hongshan Culture. This finding provides new materials for studying the distribution range of Hongshan Culture sites, burial and sacrificial customs, the process of social civilization, and the exchange and interaction between prehistoric cultures in the western Liaoning and northwestern Hebei regions.

山西沁水

沁水河

八里坪新石器时代遗址

● 八里坪遗址

BALIPING NEOLITHIC SITE IN QINSHUI, SHANXI

沁河

固县河

端氏镇

八里坪遗址位于山西省晋城市沁水县郑庄镇八里村，坐落于沁河东岸的高台地上。遗址发现于20世纪80年代，1986年被公布为山西省重点文物保护单位，2020年入选国家文物局"考古中国"之"中原地区文明化进程研究"项目。2020～2024年，山西省考古研究院与山东大学考古学院、山西大学考古文博学院、晋城市文物保护研究中心等单位联合对八里坪遗址开展了系统调查、钻探、发掘和多学科研究工作，确定遗址面积不小于100万平方米，包含庙底沟二期文化晚期、龙山文化晚期和二里头文化一期阶段遗存，

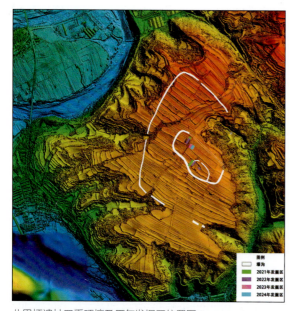

八里坪遗址三重环壕及历年发掘区位置图
Map of the Three Moats and Excavation Areas over the Years at the Baliping Site

是晋东南地区已知规模最大的新石器时代晚期遗址。

八里坪遗址地处沁河中游地区，太岳山与太行山在此交会，平均海拔约900米，遗址周围多山且河流深切形成许多狭长谷地和临河台地。沁河干流绕八里坪遗址北、西、西南而过，东南为水泉沟，北部是陡峻的断崖，遗址居高临下控扼从临汾盆地通往丹河谷地和上党盆地的交通要道。

山环水绕的地形地貌塑造了八里坪遗址山地特有的生业模式。对遗址2021、2022年出土炭化植物遗存及2021～2024年出土动物骨骼进行的鉴定结果表明，遗址在庙底沟二期文化晚期至龙山文化晚期阶段，炭化植物种子中农作物比例不足15%，非农作物占比超过85%；在庙底沟二期文化晚期至二里头文化时期，哺乳动物中梅花鹿、马鹿、其他鹿科、棕熊、东北虎、金钱豹等野生动物占比较大。对遗址2021～2023年出土玉、石器的鉴定结果表明，遗址存在大量燧石原石、石片及成品，且所有成型器几乎均为箭镞、矛等工具或武器。排除农业管理方式比较粗放等因素，结合动植物考古证据以及本地区以沁水下川遗址为代表的利用燧石制作细石器形成的文化传统，综合推断，狩猎采集经济在八里坪先民的生业经济中占据重要地位，山环水绕的山地环境对生业模式具有很强的塑造性。

2020～2023年对遗址本体进行了全面钻探和局部解剖，确认遗址在庙底沟二期文化晚期（距今约4300年）即规划了内、中、外三重环壕。三重壕沟平面均呈圆角或半圆角长方形，外壕沟内

建筑基址 FJ2
Building Foundation FJ2

台基开口 ——— 台基底部 ——— 残存活动面 ——— 柱础或"磉墩" ——— 排水渠及水池 ——— 龙山晚期遗迹

现存面积46万平方米，中壕沟内面积5.5万平方米，内壕沟内面积约1万平方米。

2021～2024年，围绕遗址内壕沟和中壕沟内核心区进行了持续的考古发掘，发掘面积2400平方米。2022年，在内壕沟内北部揭露一座庙底沟二期文化晚期建筑基址（FJ1），东西长36、南北最宽处14米，面积近500平方米。后续围绕内壕沟内钻探，发现这座建筑基址周边再无同时期遗迹，显示出内壕沟围合的区域和这座建筑的特殊性。

2023～2024年，在内壕沟西北、中壕沟以内新发现一座庙底沟二期文化晚期高等级建筑基址（FJ2），实际揭露范围东西长30、南北宽23米，东部有一条宽约2米的通道。由于FJ2西部紧邻一条宽约3米的现代水泥路，无法进行考古工作，紧贴水泥路西侧钻探后发现已经超出建筑基址范围，故推断建筑基址的面积不超过760平方米。根据残留的柱础石、"磉墩"位置推测，FJ2应为排房形式，外围原有回廊。经过清理，发现了附属于FJ2的石砌排水渠、柱础石等遗迹，出土有领玉环、玉璧、白陶鬶足、陶瓦等高等级遗物。

解剖情况表明，FJ2的营建过程为：北部利用原始地形并修整出约1米的断坎，逐层轻夯，南部因地势较低，先开挖宽3米的基槽并用比较纯净的红褐色土填夯，至南北处于同一水平面后开挖排水渠，在规划好的位置开挖柱洞、设柱础石，最后再铺垫红褐色土覆盖排水渠等，形成"满堂红"的装饰效果。通过连续的考古发掘，确定中壕沟和内壕沟以内是八里坪遗址的核心区，其功能与陶寺遗址的宫城相似。

FJ2在龙山文化晚期被废弃。2023～2024年，在FJ2东南部清理龙山文化晚期陶窑9座、处理残次品的袋形坑1个（H71），表明这一区域已从庙底沟二期文化晚期聚落的高等级建筑区，转变为龙山文化晚期的制陶作坊区。同一时期，内壕沟内FJ1被破坏，中壕沟、内壕沟被填平，整个聚落的功能区划发生了重大转变。

八里坪遗址西与陶寺遗址和周家庄遗址的直线距离均为90公里，南距二里头遗址110公里。因其独特的地理位置，成为多元文化东西互动、南北交流的枢纽。

目前，已对八里坪遗址2021、2022年出土的陶片进行了分类、统计和实验室观察，并选取 2021～2024 年发掘的 20 余个典型单位的动物骨骼和炭化种子进行了测年，结合陶器类型学的分析结果，初步建立了八里坪遗址的分期和年代序列。八里坪遗址庙底沟二期文化晚期遗存与陶寺遗址早期偏早阶段遗存同时或更早，二者既有相似性，但差别也很突出；同时，东方海岱地区的磨光黑陶—快轮成型制陶技术、玉石器风格、葬仪等文化因素通过太行山孔道率先传播到晋东南沁河流域，并由此中转向西到达晋西南。龙山文化晚期遗存表现出本土文化与晋中地区考古学文化、豫北冀南地区后岗二期文化、郑洛地区王湾三期文化以及海岱地区龙山文化更加密切的互动

交流态势。二里头文化时期，本地龙山晚期文化传统得以延续，同时受到中原王朝整合周边的影响，表现出文化面貌的混合现象。

八里坪遗址所处的沁河中游地区是沟通东西、连接北方的关键节点。近年来围绕遗址及沁河流域的考古工作，实证了中原核心区和周边区域文化之间的交流互动。周边区域人群迁徙或文化因素向中原汇聚，促成了中原核心区的崛起并最终形成多元一体的文化格局。持续开展调查、发掘及综合研究，对于认识晋东南地区在中华文明早期发展进程中的重要地位具有不可忽视的学术价值。

（供稿：赵辉　王鹏欣）

FJ2 东部边界及外围残留的活动面
Eastern Boundary and Remaining Occupation Surface Outside Building Foundation FJ2

FJ2 东南角解剖情况
Section of the Southeastern Corner of Building Foundation FJ2

FJ2 磉墩（SD2）平面
Plan of Column Base (SD2) of Building Foundation FJ2

FJ2 磉墩（SD1）剖面
Section of Column Base (SD1) of Building Foundation FJ2

FJ2 柱洞（ZD1）残留的柱础石
Remaining Column Base Stones in Pillar Hole (ZD1) of
Building Foundation FJ2

附属于 FJ2 的石构排水渠
Stone Drainage Channel Belong to Building Foundation
FJ2

FJ2 南部活动面出土玉环
Jade Ring Unearthed from the Southern Occupation
Surface of Building Foundation FJ2

燧石箭镞、矛头、钻头
Flint Arrowheads, Spearhead,
and Drill Head

庙底沟二期文化晚期 21ⅢH11 出土陶器
Potteries Unearthed from Ash Pit 21ⅢH11 of Late Miaodigou Ⅱ Culture

龙山文化晚期 22ⅢH33 出土陶器
Potteries Unearthed from Ash Pit 22ⅢH33 of Late Longshan Culture

龙山文化晚期 23ⅤH3 出土陶器
Potteries Unearthed from Ash Pit 23ⅤH3 of Late Longshan Culture

The Baliping Site is located on a high platform adjacent to the Qin River in the eastern Bali Village, Zhengzhuang Town, Qinshui County, Jincheng City, Shanxi Province. From 2020 to 2024, the Shanxi Institute of Archaeology, along with other institutions, conducted systematic surveys, drilling, excavations, and multidisciplinary research at the site, determining that the site covers an area of no less than 1 million square meters and dating from the late Miaodigou II Culture to the Erlitou I Culture. The first phase of the site (approximately 4,300 years ago) represents its most prosperous period, featuring three moats: inner, middle, and outer. Within the northern part of the inner moat and the northwestern part of the inner and middle moats, the remains of two late Miaodigou II Culture building foundations (FJ1 and FJ2) were discovered. The Baliping Site is not only the largest known late Neolithic site in southeastern Shanxi but also a cultural hub for interactions between the core Central Plains region and its surrounding areas. It holds significant academic value for understanding the important role of southeastern Shanxi in the early development of Chinese civilization.

内蒙古敖汉旗
元宝山红山文化积石冢

YUANBAOSHAN STONE TOMB OF HONGSHAN CULTURE IN AOHAN BANNER, INNER MONGOLIA

元宝山积石冢位于内蒙古自治区赤峰市敖汉旗下洼镇八旗村北 1.5 千米处的缓坡上。遗址面积约 8000 平方米，以红山文化为主体，还包含少量赵宝沟及夏家店下层文化遗存。其中红山文化祭祀性遗址是目前内蒙古地区发现的等级最高、规模最大、保存最完整的集墓葬与祭祀为一体的红山晚期建筑遗存，揭示了红山文化祭祀礼仪制度的复杂化进程。

2024 年 5～9 月，内蒙古自治区文物考古研究院对元宝山积石冢进行了抢救性考古发掘，发掘面积 1400 平方米，揭露了积石冢、墓葬、积石堆、祭祀坑、灰坑、颜料坑等遗迹近 30 处，出土陶、石、玉、骨、蚌器等各类遗物近 300 件。

目前所发掘的遗迹中属赵宝沟文化遗存的仅有一个灰坑，开口于与积石冢同时期的垫土层下。出土遗物较为丰富，包括陶、石、骨、蚌器及大量动物骨骼。陶器包括筒形罐、钵、盆等，纹饰多样，有刻划卷曲纹、几何纹及 "之" 字纹等。石器发现较多细石叶、细石核，也有打制的石铲。动物种属复杂，骨骼及蚌贝类除了部分作为器物、饰品外，大部分为狍子、鹿角、猪及犬科动物的骨骼碎片等，还存有一定数量的河蚌，这些动物应是这一时期人类的主要食物。

积石冢东部区域的堆积中发现几座晚期的积石堆，积石堆大体呈圆形，由碎石堆积而成，下部可见由石块立砌而成的长方形石围，未发现墓葬及其他遗存。此外，发掘红山文化积石冢墙体时，发现墙体上叠压的石堆遗存中有上下叠葬的两具人骨，未见墓圹，人骨下有随葬的圆形磨石，周边有残碎蚌壳类遗物，测年结果表明人骨距今 3700 年。根据发掘地层堆积中少量存在的夏家店下层文化陶片，初步推定此类晚期遗存属夏家店下层文化。

红山文化时期遗存主要为积石冢。根据目前发掘结果来看，积石冢整体北圆南方，外冢界墙在北部圆冢近半处直接向南延伸围绕呈长方形。北侧圆形部分直径 23.5 米，南部方形建筑东、西墙体均长约 45 米。内冢界墙环绕中部冢体一周，其内可见 1～7 层台阶状墙体自内冢界墙内侧向冢体中部层层内收呈金字塔状，墙体由于长时间挤压，整体向外倾斜，冢体残高 0.4～2 米。内冢界墙和台阶状墙体上皆摆放陶无底筒形器。累计发掘人骨遗存及墓葬共 21 处，包括带台阶的竖穴土坑石棺墓、竖穴土坑石棺墓、石板瓮棺墓以及墙体堆积内发现的无墓圹墓。目前可确定为红山文化的墓葬共 9 座，皆存墓圹，红山文化墓葬大多围绕在积石冢本体南侧的外冢界墙内，呈扇形分布。

红山文化墓葬内出土陶、蚌和玉器等 10 余件，冢墙墙体内及垫土中出土大量玉器，墓葬出土玉器器形完整，其他地点出土玉器多为残件。玉器共计 100 余件，种类有猪龙、钺、璜、璧、环、蚕、蝉、龟、鸟、鸮、斧、凿、锥以及各类钻芯、

积石冢正射影像
Orthophotograph of the Stone Tomb

玉料、切割料等，其中以环及钻芯最多。大多数玉器呈白色，为本地玉料，少量为呈深绿、浅绿、黄绿色的岫岩玉等。除玉器外，还有陶无底筒形器，以及少量彩陶折腹圈足盆、塔形器、器盖和仅见于积石冢遗存内的三足小陶杯等。日用类陶器极少，仅在地层堆积或垫土堆积中偶见，其上饰红山文化典型纹饰。另有打制石器、细石叶、蚌贝器及骨器等。

这些出土于墓葬之外的玉器、火烧的动物骨骼和火烧坑、石块简单围成内埋陶筒形器的祭祀坑以及整个垫土层大量分布的炭屑颗粒等现象，反映了南部外冢界墙内的祭祀之风，为研究红山文化"坛冢合一"祭祀礼仪体系演变提供了新证据。对出土玉器进行初步研究发现，祭祀用玉和随葬用玉存在显著差异，祭祀用玉材质较差、器形丰富、数量较多，随葬用玉则料美工精，不乏重器。

发掘过程中运用 RTK 及全站仪测绘、三维建模、地理信息系统、遥感影像分析等科学技术，尽可能全面地保证发掘资料的客观性及完整性。除此之外，对元宝山积石冢出土的标本及提取的各类样本进行了全方位的科技检测，如测年、岩质岩性分析、玉石器原料分析、加工技术及微痕分析、陶器及彩绘的微量元素分析，以及人骨的古 DNA、稳定同位素分析等，以期对遗址的年代、人群的饮食结构、族缘关系、手工业技术发展、社会复杂化进程等有所了解。从目前测年结果可知，积石冢内存在两个时期的文化遗存，即红山文化积石冢被夏家店下层文化人群沿用。

对元宝山积石冢周边遗址及玉矿等进行调查和勘探，寻找与元宝山积石冢同期且规模相当的遗址、聚落及与其相关的制陶、制玉等遗存，厘清该流域内积石冢的分布态势、积石冢同期红山文化聚落的分布特征，全面了解聚落与环境、祭祀性遗址与聚落及环境等之间的关系。从而为元宝山积石冢的继续发掘、课题的不断推进和研究的持续深入奠定坚实基础。

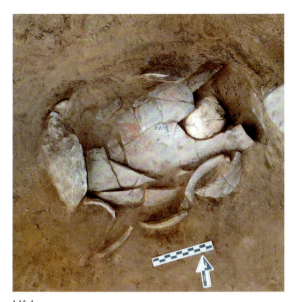

M14
Burial M14

M15
Burial M15

M3
Burial M3

M15 随葬器物出土情况
Burial Goods Unearthed from M15

　　元宝山积石冢是目前内蒙古考古发掘的最大的红山文化晚期积石冢，是第一次发现的"坛冢合一"的集墓葬和祭祀于一体的建筑遗存，它的发掘为研究内蒙古地区史前考古学文化的交流与交融提供了新资料。墓葬中出土了目前考古发掘所见体量最大的玉猪龙，填补了考古出土玉器的空白。一次性出土百余件红山文化玉器，基本涵盖了红山文化玉器的大部分器形，出土的大量玉料、钻芯、玉器残件等为探讨红山文化玉器加工技术、玉料来源与使用等问题提供了丰富资料，为中国史前玉器的研究再添新证。此外，遗址发现的与凌家滩文化相似的玉冠饰、与龙山时代石城相近的建筑模式、与"藏玉于墙"同源的祭祀形式，为深入了解红山文化晚期社会形态、组织

M17
Burial M17

管理模式，探讨红山古国礼制文明、文明化进程以及红山文化在多元一体中华文明形成与发展中的贡献和意义提供了确凿的资料，同时为红山文化申遗提供了有力的学术支撑。

　　　　　　　　　（供稿：党郁　格日乐图　徐婷婷）

"藏玉于墙"现象
Phenomenon of "Jade Hidden in the Wall"

玉龙出土情况
Jade Dragon in Situ

玉璜出土情况
Jade *Huang*-disc in Situ

积石冢西侧陶无底筒形器分布情况
Distribution of Pottery Bottomless Ceramic Cylinders on the West Side of the Stone Tomb

M18
Burial M18

陶扁钵式筒形器出土情况
Pottery Flat-bowl-shaped Ceramic Cylinder in Situ

玉器
Jade Artifacts

M15 出土玉器组合
Jade Artifact Assemblage Unearthed from Burial M15

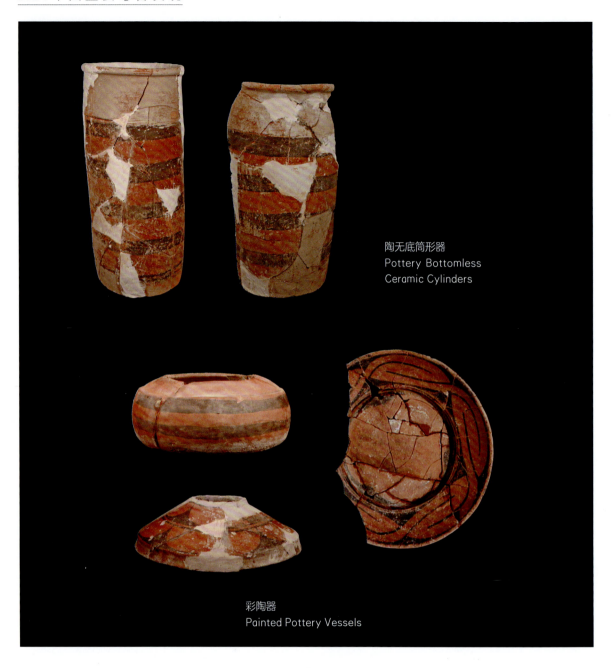

陶无底筒形器
Pottery Bottomless
Ceramic Cylinders

彩陶器
Painted Pottery Vessels

The Yuanbaoshan Stone Tomb is located in Aohan Banner, Chifeng City, Inner Mongolia. The site covers an area of nearly 8,000 square meters and is primarily of the Hongshan Culture, with minor remains from the Zhaobaogou and Lower Xiajiadian Cultures. In 2024, the Inner Mongolia Institute of Cultural Relics and Archaeology conducted rescue excavations at the Yuanbaoshan Stone Tomb, uncovering an area of 1,400 square meters. The excavations revealed nearly 30 remains, including stone tomb, burials, stone piles, sacrificial pits, ash pits, and pigment pits. Nearly 300 artifacts were unearthed, including potteries, stone tools, jade objects, bone tools, and shell artifacts. The Yuanbaoshan Stone Tomb represents the highest-ranking, largest, and best-preserved late Hongshan Culture architectural remains integrating burial and sacrificial functions discovered in Inner Mongolia to date. Its excavation provides new materials for studying the exchange and integration of prehistoric cultures in the Inner Mongolia region.

内蒙古清水河后城咀石城 2024 年发掘收获

EXCAVATION RESULTS OF THE HOUCHENGZUI STONE CITY SITE IN QINGSHUIHE, INNER MONGOLIA IN 2024

后城咀石城位于内蒙古自治区呼和浩特市清水河县宏河镇后城咀村，地处黄河一级支流——浑河北岸的坡地之上，南临浑河，东、西、北三侧多被冲沟环绕，仅东北部的制高点位置与外界相接。城址南北长约1200、东西宽约1150米，总面积138万平方米，由瓮城、外城、内城以及宫城构成，是内蒙古地区目前发现的等级最高、规模最大的龙山时代石城。

2019年，为推进"考古中国"之"河套地区聚落与社会研究"课题研究，内蒙古自治区文物考古研究院将后城咀石城作为重点项目进行了持续的考古发掘工作。截至2023年，累计发掘面积5000平方米，揭露了城墙、城门、马面、台基、墩台、壕沟、地下通道、墓葬、房址等遗迹，出土大量玉器、陶器、石器、骨器等遗物，基本明确了后城咀石城的三重防御体系、地下通道体系、高等级建筑群、石板墓葬的结构布局。2024年，

内蒙古自治区文物考古研究院对石城内城西南侧的小城进行了考古发掘，发掘面积500平方米，进一步厘清了后城咀石城的聚落形态、建造技术以及考古学文化内涵。

小城位于一独立的坡地上，南临浑河，东西两侧被自然冲沟围绕，仅东北侧与外界相接。小城南北长约270、东西宽20～150米，总面积约2.3万平方米。经过考古发掘与勘探工作，在小城内发现城墙、城门、祭坛、大型台基以及房址等20余处，确认其为宫城。

城墙分布于整个坡地，由石块错缝垒砌而成，依地势而建，大体呈"口"形，宽约1、残高2.16米。北侧东西向城墙上存有一豁口，为宫城的城门，营建于基岩之上。城门保存较差，宽约2、墙体残高0.25～0.4米。门道内踩踏面保存较好，为一层黄褐色硬面。祭坛位于城门南侧15米处，由三道石墙合围而成，面积约600平方米。祭坛中

2024 年发掘区遗迹分布图
Distribution of Remains in the
2024 Excavation Area

F8
House Foundation F8

部堆积有厚约 2 米的灰土。

大型台基位于宫城中部，由一道护坡墙和三道石墙层阶构筑而成，面积约 3000 平方米。地势由北到南呈台阶式逐渐递减，高差 8～10 米。台基内地层堆积较厚，目前仅发掘了 3 层，分别为表土层、倒塌堆积层以及废弃堆积层，包含大量石块、陶器、石器、骨器以及动物骨骼等。台基外侧地层堆积与台基内堆积基本一致，但是台基外侧的废弃堆积含有大量白灰颗粒、动物骨骼和残断的陶器、石器、骨器，应为台基内生产生活的弃置堆积。在台基顶部发现一处由四面石墙合

围而成的院落，院落内分布有五连间房址、散水、通道等。五连间房址为正南北向，前后室结构，墙体为黄褐土版筑而成，地面、壁面以白泥抹面，较为光滑。室内堆积较厚，含有大量木柱，推测房址顶部为木质结构。院落外西侧、西南侧还发现白灰面房址 3 座，保存较差，仅存一部分。在石墙、护坡墙上发现多处豁口，为上下台基的通道。靠近顶部的通道较宽，约 2 米，正南北向；靠近台基底部的通道较窄，约 0.5 米。

出土器物相对较少，主要有陶器、石器和骨器等，属于永兴店文化。陶器以残片为主，完整

护坡墙和石墙
Slope Wall and Stone Walls

石墙
Stone Wall

院落通道
Courtyard Passage

器较少；陶质以夹砂灰陶、泥质灰陶为主，有少量磨光黑陶、泥质黑陶和极少量的泥质红褐陶，烧制火候高，质地坚硬；纹饰以篮纹和绳纹为主，有少量附加堆纹、几何纹、压印纹、戳印纹等；器形主要有鬲、斝、甗、盉、瓮、罐、豆、簋等，器体较大。石器相对较多，主要发现于台基内、外侧的倒塌堆积层，分为磨制和打制两种；器形主要有斧、杵、刀、镞、凿等，以石叶居多，刀等相对较少，器形狭小。骨器多发现于倒塌堆积层，

均为磨制，有镞、锥、针笄等，以针居多，刀等较少，器形偏狭长。

通过本年度的考古发掘工作，明确了宫城的结构布局，进一步厘清了后城咀石城由外双瓮城、外城、内城以及宫城构成的聚落布局。不同地点、多样本的年代检测结果显示遗址年代距今4500～4200年，是内蒙古中南部地区乃至河套地区结构最为完整、防御体系最为严密的龙山时代早期石城，为探讨河套地区龙山时代石砌石城的传播路径、明晰中原城

石器
Stone Tools

防体系中的规制建筑具有极为重要的价值。

宫城中部发现的大型台基与陕西石峁皇城台、碧村小玉梁地点的高台建筑结构相似，台基上发现的五连间房址与碧村小玉梁地点五连间房址的结构较为相似，房址的前后室结构与陕西芦山峁宫城房址前后室结构相似。出土的陶器既有中原地区庙底沟二期文化特征，也兼具本地老虎山文化、永兴店文化的特征。出入台基形成的转折式路径在河南巩义双槐树遗址、甘肃庆阳南佐遗址、山西陶寺遗址、陕西石峁遗址以及本地区下塔遗址都有发现。这些现象表明后城咀石城既是河套地区龙山时代考古学文化的融合地，也是河套地区龙山时代考古学文化外传的策源地，充分体现了内蒙古中南部地区在华夏文明一体化进程中所起到的重要作用。

后城咀石城所在的区域北接阴山南麓石城群落，东连岱海地区石城群落，西侧和南侧是南流黄河两岸地区石城群落，这一区域内以后城咀石城为中心、周邻散布下塔及下脑包等次中心石城和一般性龙山时代遗址的社会聚落格局已初具端倪，聚落等级与社会阶层明显分化的群落层级体系特征明显。后城咀石城具有外双瓮城、外城、内城以及宫城的结构布局，主城门外形成了由三重城垣及其附属建筑构成的地上防御体系以及两重壕沟、六条地下通道构成的地下防御体系共同组成的地上地下立体防御体系，宫城内发现的护坡墙、石墙层阶构筑的大型台基、祭坛、连间式房址，瓮城壕沟内发现的成组具有祭祀功能的玉器、猪下颌骨以及出土的大量本地区龙山时代早期的典型器物，表明后城咀石城在龙山时代早期河套地区或内蒙古中南部地区石城体系中的核心地位，对于进一步研究河套地区龙山时代石城的演变、中国北方地区文明起源和早期国家的形成具有重要意义。

（供稿：孙金松　李亚新　杨佳峰　武进新）

骨器
Bone Tools

陶斝
Pottery *Jia*-wine

陶片
Potteries

The Houchengzui Stone City Site is in Houchengzui Village, Honghe Town, Qingshuihe County, Hohhot City, Inner Mongolian. The site is 1,200 meters in length from north to south and 1,150 meters in width from east to west, covering a total area of 1.38 million square meters. Dating back to 4500-4200 years ago, it is the highest-ranking, largest, and most heavily fortified early Longshan Period stone city site discovered in Inner Mongolia so far. The Inner Mongolia Institute of Cultural Relics and Archaeology continued its archaeological excavation of the inner town (palace part) within the site in 2024, with an area of 500 square meters. More than 20 remians were uncovered, including gate of the town, walls, large platforms, house foundations, stone walls, and sacrificial pits. A small amount of potteries, stone tools, and bone tools were unearthed. The discoveries from this year's excavation hold important value for exploring the transmission routes and evolution of the stone-built town site in the Hetao region during the Longshan Period, as well as for clarifying the architectural regulations of the defensive system of the Central Plain.

浙江仙居
下汤新石器时代遗址

XIATANG NEOLITHIC SITE IN XIANJU, ZHEJIANG

下汤遗址位于浙江省台州市仙居县横溪镇下汤村。四面环山，东西邻水，南面约2公里为浙江第三大河——灵江。遗址坐落在盆地中央一处台地上，高出周边农田1~2米，文化层堆积厚达2.5米，总面积约3万平方米。遗址发现于1984年，1989年被公布为省级文物保护单位。2015年，浙江省文物考古研究所对该遗址进行了勘探；2018年，进行了正式考古发掘，发掘面积1000平方米；2022年，下汤遗址被纳入"考古中国"之"长江中下游早期稻作农业社会的形成研究"课题，发掘持续至今，已发掘面积2250平方米。

历年的工作表明，下汤遗址包含上山文化、跨湖桥文化、河姆渡文化、好川文化四个阶段，以上山文化遗存为主。遗址存在内、外两重环壕。内环壕形成于上山文化时期，沿用至跨湖桥文化时期；外环壕为好川文化时期遗存，环壕南部未闭合，推测此处可能存在通道。遗址的发掘工作重点在于探明上山文化中、晚期聚落的布局与演变。内环壕以内的中西部为相对独立的自然黄土台地（以下简称中心台地），其上发现有房址、食物加工场、沟渠、沟槽、道路等，晚期则演变为红烧土"广场"；中心台地的外围围绕着十余座上山文化时期人工堆筑的土台（以下简称外围人工土台），土台上发现有房址、灰坑、器物坑、墓葬等遗迹。以上发现初步呈现了万年下汤远古村落的图景。

内环壕为上山文化—跨湖桥文化时期遗存，壕沟宽约10、深约2米，沟内堆积为灰黑色淤黏土，出土大量陶片、石制品、动物骨骼和植物遗存。壕沟内侧沿岸和沟底分布有较多坑，平面多近圆形，凿破砾石层，初步判断可能为食物储藏坑。

中心台地上发现上山文化中期房址4座，食物加工场遗迹1处，沟渠、沟槽、道路各1条，上山文化晚期此处演变为红烧土"广场"，"广场"上清理器物坑30余座。房址分圆形和长方形两种。圆形房址1座，挖槽栽柱式，房基直径约4米。长方形房址3座，基槽式，基槽宽约0.2、残深约0.1米，基槽内一般不见柱洞，推测槽内埋设地栿或竖立木板，部分基槽两侧分布有柱洞，推测为用来支撑和加固墙板。食物加工场位于圆形房址的北部，由多个集中分布、原地使用状态的石磨盘组成，磨盘多放置在坑底，个别直接放置于地面。在圆形房址和食物加工场的东侧分布

有一条人工沟渠，呈西北—东南向，宽约 1、深 0.5 米，长逾 17 米，并向发掘区外延伸。圆形房址西侧有一条浅槽，方向及长度与上述沟渠相同，宽约 0.4、深 0.1 ～ 0.12 米，沟槽内两侧有成排的圆形小柱洞，可能为篱笆墙类的隔离设施。红烧土"广场"遗迹系用红烧土铺垫而成，揭露面积约 100 平方米，厚 0.05 ～ 0.1 米，近东高西低状。在红烧土面上清理器物坑 30 余座，个别为器物直接放置在红烧土地面上。坑内陶器一般 3 ～ 5 件，器形主要为平底罐、圈足罐、盆、碗、杯等。

外围人工土台多呈长方形，一般长 8 ～ 10、宽约 5、残高 0.4 ～ 0.8 米。目前揭露的土台基本呈南北向排列，土台上发现有房址、灰坑、器物坑、墓葬等遗迹，人工土台的营建和使用贯穿上山文化的始终，使用到晚期时往往向外拓展，以至部分台墩合体。遗址东南角的土台较为特殊，平面近方形，边长约 30 米，四面被壕、沟环绕，相对独立，土台上发现有器物坑和高等级墓葬。目前在人工土台上已揭露房址 2 座、灰坑 23 个、器物坑 28 座、高等级墓葬 3 座。房址为基槽式建筑，

遗址中心地层剖面
Stratigraphic Section of the Central Site

平面呈长方形，基槽长 3.4 ～ 3.8、宽 0.4、深约 0.15 米，平底。房址四角各有柱洞 1 个。器物坑往往成组分布，坑内一般放置完整陶器，个别坑内有石制品。器物数量一般 1 ～ 10 件不等，陶器组合常见大口盆、平底罐、圈足罐，部分坑内还有碗或杯。器物大多正放，少数横放或倒置。根据器物坑的空间分布、摆放形态等综合分析，其功能

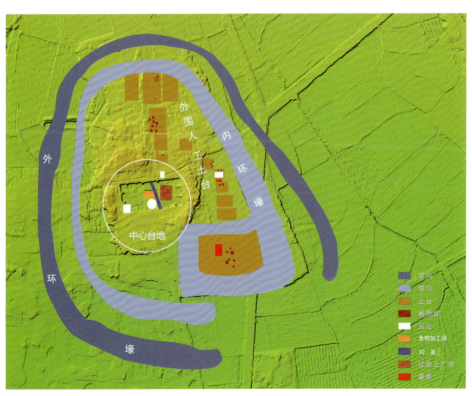

遗址聚落结构示意图（上为北）
Structural Diagram of the Settlement of the Site（north at the top）

内壕沟西北转角（北—南）
Northwestern Corner of the Inner Moat (N-S)

中心台地上食物加工场（南—北）
Food Processing Area on the Central Platform (S-N)

中心台地红烧土"广场"遗迹（南—北）
Remain of Red Scorched Earth "Plaza" on the Central
Platform (S-N)

外围北部人工土台与器物坑（南—北）
Artificial Earthen Platform and Artifact Pits in the
Northern Periphery (S-N)

器物坑 H384
Artifact Pit H384

器物坑 H389
Artifact Pit H389

可能与丧葬行为有关。中心台地外围东部的人工土台上清理上山文化墓葬 3 座，长方形竖穴土坑墓，东西向或南北向。随葬陶器较多，均在 20 件以上，规整地排列在墓葬的一侧或两侧。陶器器形主要有平底罐、圈足罐、大口盆等。从随葬器物数量看，墓葬等级较高，说明在距今约 9000 年时社会已开始分化，出现不平等。

下汤遗址历经上山文化、跨湖桥文化、河姆渡文化、好川文化四个阶段，纵贯新石器时代的始终，是我国万年文化史的重要实证，是我国万年文化独立起源、绵延发展的生动范例。遗址揭露了上山文化时期全新的聚落格局，外围人工土台可能对应基本的社会单元，围绕着中心台地分布，这是我国早期稻作农业社会组织结构的重大突破，丰富的聚落要素、清晰的聚落结构，为研究我国早期稻作农业社会提供了重要的样本。遗址生土层中发现了距今4万～2.7万年的野生稻，遗址具有连续的考古学文化，经历了从稻作农业起源阶段到新石器时代晚期农业高度发达的整个发展过程，为研究稻作农业起源和万年稻作农业史提供了重要材料。

（供稿：仲召兵　王秋东　姚吉馨　郭慧）

外围人工土台上 F6（上为东）
House Foundation F6 on the Peripheral Artificial Earthen Platform (east at the top)

器物坑 H392
Artifact Pit H392

高等级墓葬 H485
High-rank Burial H485

上山文化打制石器
Chipped Stone Tools of the Shangshan Culture

上山文化典型器物
Typical Artifacts of the Shangshan Culture

中心台地上圆形房址及东西两侧沟渠、沟槽（上为北）
Circular House Foundation on the Central Platform with Ditch and Channel on the East and West Sides (north at the top)

中心台地上长方形房址（上为北）
Rectangular House Foundation on the Central Platform (north at the top)

The Xia Tang Site is located in Xia Tang Village, Hengxi Town, Xianju County, Taizhou City, Zhejiang Province, covering an area of about 30,000 square meters, containing four stages of the Shangshan Culture, the Kuahuqiao Culture, the Hemudu Culture, and the Haochuan Culture, with the Shangshan Culture remains as the main ones. The absolute dating of the site ranges from 10,000 to 4,000 years ago. The site features two concentric moats: an inner moat, which was constructed during the Shangshan Culture and continued in use in the Kuahuqiao Culture, and an outer moat, which dates to the Haochuan Culture. Since 2018, the Zhejiang Institute of Cultural Relics and Archaeology has conducted archaeological excavations at the Xiatang Site, with a total area of 2,250 square meters. The excavations have revealed a novel settlement pattern from the Shangshan Culture, characterized by artificial earthen platforms surrounding a central platform. The platforms exhibit various types of settlement remains. The Xiatang Site is an important evidence of China's 10,000-year cultural history and provides a crucial sample for studying early rice-farming societies in China.

浙江衢州
石角山古城遗址

SHIJIAOSHAN ANCIENT CITY SITE IN QUZHOU, ZHEJIANG

石角山古城遗址位于浙江省衢州市衢江区云溪乡车塘村石角山自然村西北，地处衢江支流邵源溪东岸丘陵地带，东南距孟姜村土墩墓群约6公里。遗址分布区域经过多次土地平整，遭到比较严重的破坏，目前地表主要为竹林、杂树等。

遗址于1982年第二次全国文物普查时发现；2021年，浙江省文物考古研究所在孟姜村土墩墓群考古发掘的同时，开展了对金衢地区先秦遗存的考古调查勘探，对遗址进行复查，发现了堆土墙、壕沟、土台等遗迹，判断可能为一处古城遗址。

2022年，浙江省文物考古研究所联合衢州市衢江区文物保护所对石角山村及周边约1平方公里的范围进行了系统调查及勘探，明确遗址核心区域的面积约7万平方米，包括小城、城外1号台地、周边环壕以及外围的古河道、古河道与西

侧邵源溪合围的两处高台地。

由于石角山遗址是浙西地区发现的第一座古城址，且与衢江孟姜村高等级土墩墓群关系密切，为进一步厘清城址的分布范围、文化层堆积和内涵、始建及废弃年代等问题，经国家文物局批准，2022～2024年，浙江省文物考古研究所联合衢州市衢江区文物保护所对遗址进行了连续三年的主动性考古发掘，总发掘面积1500平方米，共清理城墙、壕沟、古河道、灰坑、柱洞等各类遗迹150余处，出土各时期标本、小件1000余件，发掘过程中同时开展了植物、环境、石器岩性等科技分析检测，对石角山古城遗址的布局有了初步认识。

勘探发现的小城面积约2万平方米，在小城的西城墙及城内中部进行了解剖发掘，发掘面积500平方米。根据土质、土色可将西城墙外壕沟

小城西城墙发掘位置航拍
Aerial Photograph of Excavation Area of the Western Wall of the Small City

（G1）内的堆积分为18层，西城墙（Q）分为16层，彼此间有叠压打破关系。

壕沟（G1）第①、②层的土色主要为浅灰色，较致密，包含少量红烧土粒。出土原始瓷碗、盏、豆，印纹硬陶片上拍印回纹、小方格纹、折线纹，石器主要为镞、矛、锛。年代为西周时期。第③～⑦层的土色多为灰褐色，较致密，包含少量红烧土粒、小石块。包含物中不见原始瓷器，发现有少量着黑陶片，饰斜向方格纹、篮纹，印纹硬陶片上拍印席纹、叶脉纹、篮纹等，夹砂红褐陶和泥质灰陶比例增大，石器包括镞、矛、刀、网坠等。年代为夏商时期。

第⑧～⑱层的土色多为深灰褐色，土质黏性增大，多含有水锈斑，疑似被水浸泡。包含物中基本不见着黑陶片，印纹陶片极少且制作较为粗糙，以软陶为主，纹饰为篮纹、叶脉纹，夹砂陶和泥质陶比例增大，可辨器形有鼎、豆、罐、钵、簋、盘、缸等，豆柄和圈足上饰圆形、三角形、弧形镂孔；石器以镞、矛为主，另有少量钺、磨石等。年代为新石器时代晚期。

城墙无明显夯窝和夯层，可分为Q①a～Q⑯层。其中Q①a～Q①d层中夹杂大量黄色沙石颗粒，整体叠压在Q②～Q⑩层之上。Q②～Q⑩层整体为红色黏土，较纯净，无包含物。其下为一较平整的灰土活动面Q⑪层，东西长约12.5米，含有较丰富的红烧土、陶片、石器，出土陶片与壕沟中下部陶片较为相似。Q⑫～Q⑯层整体为红色黏土，较纯净，无包含物。

城墙与壕沟的发掘情况表明，遗址最初为一处环壕聚落，Q⑫～Q⑯层为早期堆筑的熟土台，之后在Q⑪层活动面后开始堆筑城墙，城墙被G1第⑦层打破。根据壕沟内出土器物特征及^{14}C测年结果综合判断，遗址开始使用的年代为距今4900年前后，城墙的始建年代在距今4400～4000年，并一直沿用至西周时期。

勘探发现的小城外东南侧1号台地，面积约1万平方米，解剖发掘了台地东南角的"边坡"及壕沟（G2），发掘面积500平方米，发现1号台地上的地层堆积及营造方式与小城较为相似。

1号台地现存高6米，堆土为较纯净的红土，内含少量夹砂陶残片及小件石器。堆土可分为16层，其中第⑩层为一层活动面，包含大量红烧土及零星陶片。G2最底部两层包含少量红烧土，出土陶片

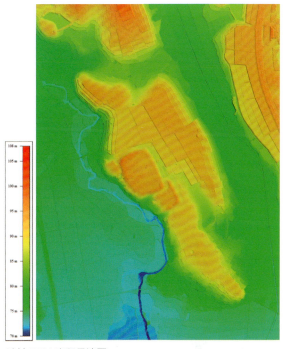

遗址 DEM 高程晕渲图
DEM Shading Map of the Site

小城西侧壕沟 G1
Moat G1 on the West Side of the Small City

的年代为新石器时代晚期，上层为淤积形成，年代稍晚。根据台地堆积出土器物特征及与G2的打破关系判断，1号台地为新石器时代晚期人工营建的。

1号台地东侧"边坡"的堆土与小城西城墙相似，即底部用红色黏土，顶部用黄色沙土加固。结合台地内的发掘情况，1号台地与小城的营建年代接近，功能有所差别，可能为"南城"。

此外，在石角山村东南角对勘探发现的外围古河道进行了解剖发掘，发掘面积200平方米。自现地表向下约2.5米至基岩，清理各时期的自然冲沟6条，最底部发现一处木构遗迹。该遗迹由数十根木

小城内建筑基址
Building Foundation within the Small City

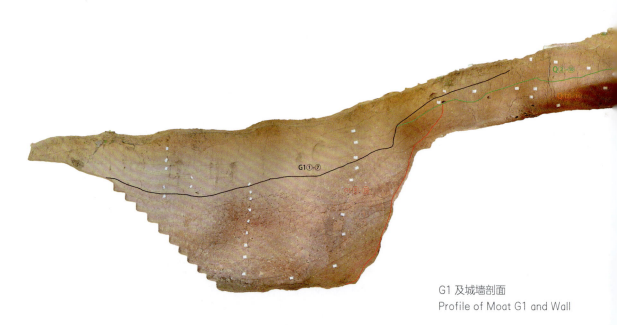

G1 及城墙剖面
Profile of Moat G1 and Wall

1 号台地南侧壕沟
Moat on the South Side of Platform 1

1 号台地上遗迹
Remains on Platform 1

古河道底部木构遗迹
Wooden Remain at the Bottom of Ancient River Channel

木构遗迹细节
Details of Wooden Remain

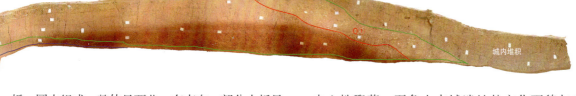

板、圆木组成，整体呈西北—东南向，部分木板呈阶梯状分布，阶梯边缘以竖向的木桩进行加固，木板上可见明显人为加工痕迹。遗迹周边出土少量陶片，以夹砂陶及印纹陶为主，印纹陶上拍印有席纹、叶脉纹、篮纹等，年代与小城的主体使用年代相当。

综合三年的发掘工作，石角山古城遗址核心区约 7 万平方米范围内同时存在南城和北城，城外有环壕和多处台地，外围古河道为第二重环壕，主体始建年代在新石器时代晚期，并一直沿用至西周时期。石角山古城遗址文化堆积较厚，年代序列完整，应为这一时期该区域的中心性聚落。石角山古城遗址的文化面貌与良渚文化、好川文化、钱山漾文化、樊城堆文化、肩头弄文化、马桥文化、姑蔑文化等都有一定关系。石角山古城遗址是浙西地区发现的第一座先秦时期的古城遗址，是一处包括南北两城并有内、外双重环壕的大型城址，填补了这一地区自新石器时代晚期至商周时期考古学文化序列的空白，是衢州乃至东南地区文明化进程的重要节点和标志，为厘清百越地区的早期历史和发展过程提供了重要资料。

（供稿：张森　游晓蕾　张娟）

G1 内出土石器
Stone Tools Unearthed from Moat G1

G1 内出土石器
Stone Tools Unearthed from Moat G1

G1 内出土原始瓷碗
Proto-porcelain Bowl Unearthed from Moat G1

G1 内出土硬陶带把杯
Hard Pottery Handle Cup Unearthed from Moat G1

G1 内出土硬陶罐
Hard Pottery Jar Unearthed from Moat G1

G1 内出土陶豆
Pottery *Dou*-stemmed Bowl Unearthed from Moat G1

G1 内出土陶盘
Pottery Plate Unearthed from Moat G1

The Shijiaoshan Ancient City Site is located in Shijiaoshan Village, Chetang Village, Yunxi Township, Qujiang District, Quzhou City, Zhejiang Province. From 2022 to 2024, the Zhejiang Institute of Cultural Relics and Archaeology and other institutions conducted archaeological work at the site for three consecutive years, with a total excavation area of 1,500 square meters, and yielded more than 150 remains of various kinds such as wall, moats, ancient river channel, ash pits, and pillar holes. The excavations revealed that the core area of the Shijiaoshan Ancient City Site covers approximately 70,000 square meters. It is a large-scale city site consisting of two connected cities (north and south) and remains inner and outer moats. The main construction period dates to the late Neolithic, and the site continued to be used until the Western Zhou. The Shijiaoshan Ancient City Site is the first pre-Qin ancient city site discovered in western Zhejiang, filling a gap in the archaeological cultural sequence from the late Neolithic to the Shang and Zhou in this region. It provides important clues for clarifying the early history and developmental processes of the Baiyue region.

河南永城
王庄遗址

WANGZHUANG SITE IN YONGCHENG, HENAN

王庄遗址位于河南省商丘市永城市，是一处新石器时代大型聚落遗址。2023 ~ 2024年，经国家文物局批准，首都师范大学、河南省文物考古研究院、中国社会科学院考古研究所、商丘市文物考古研究院组成联合考古队，对该遗址进行了考古发掘。

遗址以王庄村为中心，分布于武庙、王楼、曹楼等几个村庄之间，南北长 1300、东西宽 500 米，总面积约 63 万平方米。遗址中部发现一周中型环壕，平面呈圆角长方形，方向 10°，南北长约 350、东西宽约 250 米，其内总面积近 8 万平方米。环壕内为大汶口文化墓地，初步推断该环壕为墓葬区外带有防御性质的围沟，两者年代应基本相同。

对环壕内区域进行考古发掘，2024 年发掘 525 平方米。遗迹主要为墓葬，少量为灰坑，年代涵盖大汶口文化时期、东周时期、唐宋时期和明清时期，尤以大汶口文化时期遗存最为重要。

新发现大汶口文化墓葬 45 座，已清理 32 座。根据墓室面积可分为小型墓、中型墓、大型墓和特大型墓。墓葬排列有序，呈现出成排、成列分布的特点，应经过前期布局规划，大致为南北 6 排，东西 11 列。墓葬形制主要为长方形竖穴土

坑墓，部分墓葬发现有木葬具。墓葬皆为东西向，墓主头向东，葬式有仰身直肢葬、侧身屈肢葬和俯身葬。墓室北侧放置棺木，人骨位于棺内或墓室北侧，南侧放置器物，部分墓葬随葬动物骨骼。多数墓葬在墓壁上设置壁龛以放置器物，少数墓葬使用器物箱叠放陶器。大部分墓葬为单人墓，有少量双人合葬墓和三人合葬墓。出土器物丰富，出土串珠、镯、璜、锥形器、璧、瑗、环、钺等玉器 400 余件，珠、管、半月形饰、梯形饰、长方形饰、锥形饰等绿松石器 100 余件，鼎、豆、罐、壶、钵、盆、杯、盉、缸、瓮等陶器 900 余件，针、镞、勺、鱼鳔、刀等骨器及象牙器 100 余件，圭、锛、钺、凿、磨石等石器 50 余件。Ⅰ区 M5、M6、M7、M15 均发现有由玉璧、绿松石组合或者全部玉璧组合使用的头饰，Ⅰ M5 和Ⅳ M6 在墓主眼部覆盖玉璧的做法为后世玉覆面的来源提供了重要线索。

小型墓Ⅰ M6 为长方形竖穴土坑墓，长 1.9、宽 1.04 ~ 1.09、残深 0.45 米。人骨位于墓室北侧，头向东，面向南，葬式为单人仰身直肢一次葬。墓主为女性，头部覆盖一周玉璧，颈部戴绿松石串饰，手部戴玉手镯和玉串饰。随葬玉器及绿松石 74 件、磨石 1 件、陶器 22 件，陶器器形有鼎、

大汶口文化墓葬分布图（上为北）
Distribution of Dawenkou Culture Burials (north at the top)

豆、罐、背壶、纺轮等。

中型墓Ⅰ M8 为长方形竖穴土坑墓，长 2.3、宽 1.7、深 1.1 米。单棺放置于墓室北侧，人骨位于棺内北侧，头向东，面向南，葬式为单人仰身直肢一次葬。墓主为女性，耳部放置两枚长方形绿松石坠，左手腕处放置一件玉镯，玉镯南侧放置一件圆锥状玉坠，棺内南部及墓主脚部放置陶器，墓室南部放置三排陶器。随葬玉器 4 件、绿松石器 3 件、骨器 7 件、磨石 3 件、陶器 89 件，陶器器形有鼎、豆、壶、器盖、罐、纺轮等。

大型墓葬Ⅰ M5 为长方形竖穴土坑墓，长 2.7～3.2、宽 2.55～2.7、深 1.15 米。单棺放置于墓室北侧，根据墓室南部墓底残留的板灰痕迹，推测墓室内原应有器物箱。人骨位于棺内北侧，头向东，面向上，头部及胸部置于陶器之上，推测因地下水位上升而导致尸骨偏离原有位置，葬式为单人仰身直肢一次葬。墓主为男性，年龄为 30～35 岁。人骨眼部放置两件玉璧，头部附近有玉璧、串珠、玉锥形饰，人骨北侧沿棺边有一组串珠，原右手部位有 2 件玉钺、1 件骨刀、2

Ⅰ M8
Burial Ⅰ M8

Ⅰ M6
Burial Ⅰ M6

Ⅳ M27
Burial Ⅳ M27

Ⅰ M6 头部装饰出土情况
Headdress Unearthed from
Ⅰ M6

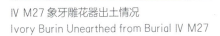

Ⅳ M27 象牙雕花器出土情况
Ivory Burin Unearthed from Burial Ⅳ M27

Ⅳ M27 玉兽首形器出土情况
Jade Animal-head-shaped Artifact
Unearthed from Burial Ⅳ M27

件獠牙及一堆骨镞，左手部位放置一堆骨镞，棺内南侧放置陶器。随葬钺、串珠、璧、璜、锥形饰等玉器 145 件，鼎、豆、背壶、鼓形尊、罐等陶器近百件，镞、针、鱼鳔、刀、镦（鐏）等骨器 27 件，以及石器 6 件、兽牙 6 件，另有猪下颌骨、猪腿骨等。

特大型墓Ⅳ M27 为竖穴土坑墓，形状不规则，长 4.52 ～ 4.8、宽 3.47 ～ 3.68 米，总面积逾 17 平方米。从墓室结构看，该墓原有棺有椁。木棺放置于墓室北侧，仅残留近墓底部分，长约 2.5、宽约 1.9 米。随葬器物十分丰富，包括各类陶器 100 余件、小型玉饰近 200 件，少量石器、骨器，以及猪下颌骨等动物骨骼。陶器主要放置于墓室南侧，少量放置于木棺四周，部分陶器器形硕大，不同于一般墓葬随葬器物，可见到中原地区与长江流域文化因素。该墓葬

Ⅰ M7
Burial Ⅰ M7

Ⅰ M7 头部装饰出土情况
Headdress Unearthed from
Burial Ⅰ M7

为迄今大汶口文化所见出土器物最多的墓葬，推测为古国国主墓葬。在Ⅳ M27 墓室清理过程中发现较为罕见的史前毁墓现象，人骨绝大部分缺失，仅存数块脚趾骨。小型玉饰散落于木棺内外，多数石圭被人为折断，部分器物被破碎移位。该墓发现 5 件骨鐘，但与之对应的玉铖皆消失不见。种种迹象表明该墓在埋葬不久后，经历了一场人为的毁墓活动，墓室被扰动，墓主尸骨被取出，玉石重器被掳走。虽经毁墓，但Ⅳ M27 的发现仍具有较为重要的意义，可证明王庄遗址绝非普通聚落，而为黄河下游史前古国的政治中心，同时反映出史前时期黄淮下游在距今 5000 多年时已具备较高的社会复杂化水平。

王庄遗址是豫东地区首次发现的大汶口文化中晚期的大型聚落，其陶器器形与墓葬习俗都较为独特，可能为大汶口文化的地方新类型，文化因素多元化特征明显，为史前时期区域文化交流研究提供了重要实物资料。大汶口文化墓葬所显示的等级分化、王权产生、棺椁制度和成套陶、玉、骨牙器所蕴含的礼制内涵，为研究中国早期国家起源提供了全新的样本。该遗址的发现对揭示豫东地区新石器时代聚落形态、史前社会礼制及探讨中原与海岱地区考古学文化的交流有重要学术价值与意义。

（供稿：周通　朱光华　刘海旺　袁广阔）

Ⅰ M6 出土项饰
Neck Accessories unearthed from Burial Ⅰ M6

Ⅳ M32 出土玉臂饰
Jade Arm Ornament Unearthed from
Burial Ⅳ M32

Ⅰ M6 出土玉手饰、玉手镯
Jade Hand Ornament and Jade Bangle
Unearthed from Burial Ⅰ M6

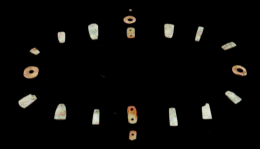

Ⅰ M15 出土头饰
Headdress Unearthed from Burial
Ⅰ M15

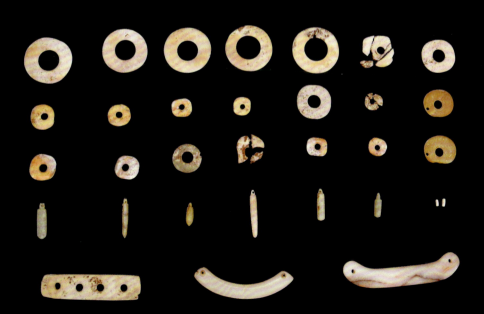

Ⅰ M5 出土部分玉器
Partial Jade Artifacts Unearthed from Burial Ⅰ M5

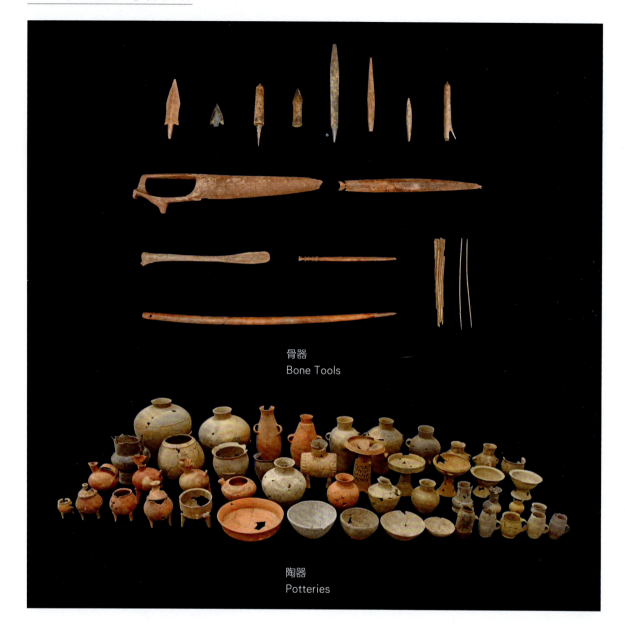

骨器
Bone Tools

陶器
Potteries

The Wangzhuang Site is located in Yongcheng City, Shangqiu City, Henan Province, centered around Wangzhuang Village and distributed among neighboring villages such as Wumiao, Wanglou, and Caolou. The site is 500 meters in width from east to west and 1,300 meters in length from north to south, covering a total area of about 630,000 square meters. From 2023 to 2024, a joint archaeological team, including Capital Normal University, conducted excavations at the site. They discovered a medium-sized moat and 45 Dawenkou Culture tombs, of which 32 have been excavated. Over 400 jade artifacts, more than 100 turquoise artifacts, over 900 pottery vessels, more than 100 bone tools, and around 50 stone tools were unearthed. The Wangzhuang Site is the first large-scale settlement from the middle to late Dawenkou Culture discovered in eastern Henan. Its pottery forms and burial customs are relatively unique, suggesting it may represent a new local type of the Dawenkou Culture. The discovery of this site holds significant academic value for revealing the settlement patterns of the Neolithic period in eastern Henan, understanding prehistoric social rituals, and exploring the cultural exchanges between the Central Plains and the Haidai regions.

湖南华容七星墩遗址
2023 ～ 2024 年发掘收获

EXCAVATION RESULTS OF THE QIXINGDUN SITE IN
HUARONG, HUNAN IN 2023–2024

七星墩遗址位于湖南省岳阳市华容县东山镇东旭村。作为"考古中国"之"长江中游文明进程研究"项目支撑点之一，已连续开展多年考古工作，2023 ～ 2024 年考古发掘区域主要为位于城外东南部檀树咀地点的墓葬区。本次发掘工作共清理土坑墓 42 座、瓮棺葬 28 座、灰坑 19 个以及柱洞 115 个，出土陶、石、玉器等各类遗物 260 余件。

檀树咀墓葬区可分为西、东两区。西区有土坑墓 31 座、瓮棺葬 2 座。土坑墓均开口于表土之下，打破生土。形制均为长方形竖穴土坑墓，被

破坏较严重，直壁，平底，少数墓葬有二层台。墓向多为近东西向，也有少量近南北向的墓葬。以长约 2、宽约 0.7 米的狭长型墓葬为主，残深 0.2 ～ 0.5 米。随葬器物多寡不一，最多者随葬有 21 件器物，个别墓葬没有随葬器物。随葬器物主要有陶器和石器两类，陶器破碎严重，以泥质灰陶和黑陶为主，器形有鼎、豆、壶、罐、碗、篦等；石器有斧、锛、凿、砺石等。从陶器特征看，这批土坑墓的年代为屈家岭文化时期。

东区有土坑墓 11 座、瓮棺葬 26 座。大多数

墓葬区东区
East Area of the Cemetery

屈家岭文化土坑墓 M26
Pit Burial M26 of Qujialing Culture

瓮棺葬直接开口于表土之下，打破生土。墓坑平面呈圆形或椭圆形，分为直壁平底和斜壁圜底两种形制。多数墓坑上部被破坏，残留部分深浅不一，保存较差者残深仅约0.2米，保存较好者深0.7米。葬具以夹砂红陶或褐陶缸为主，也有夹砂红褐陶釜、夹砂红陶鼎、泥质褐陶罐等，均竖置于墓坑内，葬具上部外侧或内侧常见用缸片或陶瓮围护的现象。W33葬具为夹砂红陶缸，陶缸外侧倒扣一圈围护陶缸，形成内外套护的葬具特点，其外侧陶缸可能起到"椁"的作用。作为葬具的夹砂陶缸，一般个体较大，厚胎，多直口无沿，斜壁，圜底，极个别器物为平底，通身饰绳纹或篮纹。有的陶缸底部凿穿有圆形小孔，被认为是灵魂升天的通道。标本W33:6，夹砂红陶，口部残，腹径55、残高40、胎厚2厘米。

葬具内的填土多为浅褐灰色砂质黏土，致密、坚硬，较为纯净，包含少量碎陶片和炭屑。有的填土分层较明显，下层颜色较浅、偏白，上层颜色略深。有的葬具中部横置陶片，将葬具内空间分为上下两层。少量瓮棺内发现骨骼碎屑或牙齿，未见完整人骨和葬具。

大多数瓮棺葬未见随葬器物，但其中8座墓出土有玉器（包括此前试掘出土和征集的玉器，共12座瓮棺葬出土玉器）。随葬玉器和不随葬玉器的墓葬杂处，并无明显的分布规律。随葬玉器数量多寡不一，少者仅1件，最多者共13件。大多数玉器放置于葬具底部，但也有放置于葬具中部、上部或葬具外侧者。W51出土一件玉璧，被敲碎之后，分别放置于缸底、缸内填土的中部和缸外填土的上部。放置于不同位置的玉器受沁程度不同，颜色不一，一般来说，在葬具上部的玉器受沁程度较高，在葬具底部的玉器受沁程度较低。此外，W53葬具底部随葬一件泥质黑衣红陶罐，W39随葬一件泥质黑陶曲腹杯。

出土玉器种类较丰富，可分为装饰用玉和工具两大类。器形有人像、凤、鹰、蝉、璧、钺、琮、璜、珠管、锥形器、锛、钻、牌饰及碎片等。器形普遍较小，完整器较少，小部分可拼合。标本W33:1，玉人像，左侧冠部略残。整体呈绿褐色，夹杂若干白色絮状物，额头部分呈灰白色，夹杂少量红色斑点。上下两端和背面平整，正面圆凸。人物覆舟形冠，浓眉，梭形眼，蒜头鼻，

W51
Urn Burial W51

W33 玉人像表面黑色胶着物（超景深显微效果）
Black Residues on the Surface of the Jade Human Figurine Unearthed from Urn Burial W33 (ultra-depth microscopic view)

尖耳似有耳珰，阔嘴，短颈。上下端各有一个钻孔，未钻通，孔径0.2、深0.5厘米，钻孔周边有黑色胶着物，可能是固定人像的残留物。宽1.8、高2.7、厚0.8～1厘米。标本W51:5，玉凤，由7块碎片拼合而成，出土于葬具内不同层位，冠部、后翼处略有残缺。整体呈淡青色，局部受沁成为灰白色。片状，透雕表现冠部、凤翅和凤尾，用打洼、减地阳起的方式表现嘴部、眼睛和羽翎。凤呈侧身回首状，尖喙，圆眼，高冠，短翅短尾，尾部分叉。器身两面均有纹饰，尾部有单向穿孔。厚0.7、高8厘米。玉凤造型优美，线条流畅，制作精细。这类玉器很可能是下葬之前先被有意敲碎，然后再捡拾起来放置在瓮棺之内，过于细小的碎片未被捡拾，所以多数玉器拼合之后仍不完整，这可能代表一种"碎玉"葬俗。部分玉器表面有黑色附着物，经超景深显微观察，这些黑色附着物周边和底

W33 葬具
Coffin of Urn Burial W33

W51 葬具
Coffin of Urn Burial W51

W39 出土陶曲腹杯
Curved-belly Pottery Cup
Unearthed from Urn Burial W39

W33 出土玉人像
Jade Human Figurine Unearthed from
Urn Burial W33

W51 出土玉笄
Jade *Ji*-hairpins Unearthed from
Urn Burial W51

下的玉器呈白色，是一种高温火烤之后的颜色；三维建模显示黑色附着物凸起于玉器表面；扫描电镜能谱分析显示，黑色物质含有较多碳元素，可能是火烧过之后的痕迹。这些现象似乎表明，有些玉器在下葬过程中，可能经过"燎祭"。玉器的雕琢技法先进，综合运用片切割、线切割、打洼、透雕、圆雕、阳线、阴刻、减地阳起等制玉技法。部分玉器可见明显的二次改制痕迹。玉料以透闪石软玉为主，另有少量蛇纹石、石英、白云母、萤石、滑石等。洞庭湖平原本地并无透闪石玉料，多数玉器的原材料应来自外地，反映了当时的社会文化互动。

这批玉器的器形、玉料和雕琢技法等均与石家河遗址群、孙家岗遗址出土玉器相似，如人像、蝉、鹰首笄、牌饰等，年代同属肖家屋脊文化时期。但以大型夹砂陶缸作为葬具的现象又与石家河遗址群、孙家岗遗址等不同，体现了七星墩遗址的特色。

檀树咀墓葬区是一处肖家屋脊文化时期的瓮棺葬墓地，出土的玉器材质多样、造型精巧、种类丰富、技术先进，丰富了肖家屋脊文化玉器的内涵，反映了长江中游地区史前文明的典型风格和先进技术，有助于重新审视肖家屋脊文化时期长江中游地区的地位和作用。相关发现对认识长江中游地区史前文明结构的基因、文明形态演进动力机制、文明冲突融合的碰撞进程、文明的传播形式等有重要意义。

（供稿：王良智）

W51 出土玉璧
Jade *Bi*-disc Unearthed from Urn Burial W51

W51 出土玉凤
Jade Phoenix Unearthed from Urn Burial W51

W51 出土玉牌饰
Jade Plaque Ornament Unearthed from Urn Burial W51

W54 出土玉坠
Jade Pendant Unearthed from Urn Burial W54

W47 出土玉蝉
Jade Cicadas Unearthed from Urn Burial W47

W39 出土玉坠
Jade Pendant Unearthed from Urn Burial W39

The Qixingdun Site is located in Dongshan Town, Huarong County, Yueyang City, Hunan Province. From 2023 to 2024, the Hunan Provincial Institute of Cultural Relics and Archaeology, along with other institutions, excavated a cemetery area at the Tanshuzui location in the southeast outside the wall, uncovering 42 pit burials, 28 urn burials, 19 ash pits, and 115 pillar holes, unearthing over 260 artifacts made of pottery, stone, jade, and other materials. Most of the urn burials were directly exposed beneath the topsoil, with the burial vessels primarily consisting of red sand-tempered urns. The jade artifacts unearthed are diverse in type, including human figurines, phoenixes, eagles, cicada, *bi*-discs, *yue*-axes, *huang*-discs, beads and tubes, cone-shaped objects, and adzes. This cemetery is an urn burial site of the Xiaojiawuji Culture. The jade artifacts, characterized by their diverse materials, rich variety, exquisite craftsmanship, and advanced techniques, enrich the understanding of jade artifacts from the Xiaojiawuji Culture. They reflect the typical style and advanced technology of prehistoric civilization in the middle Yangtze River region, providing valuable insights for re-evaluating the role and significance of the middle Yangtze River region during the Xiaojiawuji Culture.

广西恭城
牛路冲遗址

NIULUCHONG SITE IN GONGCHENG, GUANGXI

牛路冲遗址位于广西壮族自治区桂林市恭城瑶族自治县恭城镇牛路冲村东北约 200 米的茶江支流——势江西岸的二级台地上，势江在遗址北部 200 米处折向西流，并在遗址西北 600 米处汇入茶江。遗址地处茶江谷地，谷地两侧为低山丘陵。

为开展广西早期文明化进程研究，2022 年，在广西文物保护与考古研究所等单位组织的专项考古调查中首次发现该遗址。2024 年 4 ~ 5 月，为配合桂林—恭城—贺州高速公路建设，广西文物保护与考古研究所等单位对遗址开展了考古勘探，初步确认遗址保存有新石器时代晚期至商代的文化遗存，同时发现城墙、壕沟等迹象，对于研究华南地区早期文明化进程具有重要意义。为进一步了解遗址的文化面貌、内涵与特征，明确城墙、壕沟的修建年代和基本面貌特征，2024 年 9 ~ 12 月，经国家文物局批准，广西文物保护与考古研究所联合中国社会科学院考古研究所华南一队、桂林市文物保护与考古研究中心等单位对牛路冲遗址开展了抢救性考古发掘。

本次发掘严格按照《田野考古工作规程》执行，在牛路冲村乡道旁边的大榕树地面建立永久性基点，从永久性基点引入遗址坐标控制点，并确认遗址中心坐标基点，建立牛路冲遗址发掘探方坐标系统，采用象限法布方、电脑数字虚拟布方手段，利用 RTK 定点测绘将整个遗址统一布方编号。在建设项目涉及的区域布设 10 米 × 10 米探方 35 个，合计面积 3500 平方米。

经过调查、勘探和发掘，确定牛路冲城平面为长方形，近南北向，南北长约 165、东西宽约 140 米，城内面积 23100 平方米。城墙为堆筑而成，西墙和北墙保存较好，宽 6 ~ 8 米，最高处约 1.8 米。通过解剖，初步确认城墙从早至晚可划分出 5 层堆积，其中第③~⑤层时代为商代早期，第①、②层为明清时期或之后形成。城址的绝对年代不晚于距今 3500 年。

城墙外有护城壕，保存较好，开口较为清晰，剖面呈浅半弧形，底部为圜底状。开口宽 10 ~ 12.5、深 1.1 ~ 1.25 米。壕沟上部两层堆积属于明清时期；中部堆积为东周至汉代时期，出土篮纹和方格纹陶片；下部堆积为商代早期，出土夹砂陶片和石器，具有典型的本地商代器物特征。

城墙内部发现大量灰坑和柱洞等遗迹，出土大量陶器、石器等遗物。灰坑多为不规则椭圆形，

牛路冲遗址　　势江

发掘区探方正摄影像
Orthophotograph of the Excavation Area

T2 内城墙和壕沟（上为北）
Wall and Moat in the Excavation Square T2 (north at the top)

T3 内西壁剖面
Western Profile of the Excavation Square T3

其内填土常见红烧土块和灰烬，出土大量陶器残片、石器等；个别疑似为灶的灰坑，底部有一层明显的红烧土和灰烬层。柱洞均为圆形，深浅不一。分析柱洞和灰坑的平面关系发现，柱洞多围绕灰坑分布，形成不规则圆形，初步判断柱洞和灰坑构成一组建筑个体。整个发掘区域揭露出多组建筑个体，多组建筑构成一处聚落群。

陶器主要有圜底器、圈足器、三足器及纺轮，圜底器为盘口束颈或高领的釜罐类，圈足器为碗、盘、豆，三足器为鼎。石器可分打制和磨制两种，打制石器主要为石片和斧锛类石器的毛坯，后者常见类似双肩弧刃或斜刃的锛。磨制石器包括斧、锛、凿、镞、环等，另有沟槽石、砺石等，石斧和锛为大宗，其次为镞，最少为沟槽石和砺石。部分石镞有穿孔，穿孔技术比较发达，另有少量磨制精美且经抛光的玉化小石镞。镞类型多样，

柳叶形、三棱形石镞较多，石环常见 T 形环。在灰坑和柱洞中均浮选出大量人工栽培的短粒形炭化稻米，^{14}C 测年数据显示，炭化稻米年代距今约 6000 年。

牛路冲遗址是一处新石器时代晚期至商代聚落遗址，遗址中保存有大量柱洞和灰坑，出土较多夹砂陶器、石器以及炭化稻米等，炭化稻米为岭南地区迄今所知年代最早者。以往广西史前考古研究中，南岭南北交往、交流、交融的研究重点长期集中在湘江—漓江一线。牛路冲遗址的发现证实，秦统一岭南前，湘江—荼江—桂江也是南北交流的重要通道，是史前时期岭南多元一体中华文明形成和多民族国家形成的重要地理节点。商代早期城址的确认以及遗址中出土的陶圈足器、三足器、三棱形及柳叶形石镞、石璋、T 形环和炭化稻米等，均展现出南北文化的融合过程，也

T1 内壕沟
Moat in the Excavation Square T1

城内灰坑、柱洞（上为北）
Ash Pits and Pillar Holes within the Walled Site (north at the top)

H48
Ash Pit H48

H48 剖面
Section of the Ash Pit H48

带孔石锛
Perforated Stone Adze

陶鼎足
Leg of Pottery *Ding*-tripod

夹砂陶片
Sand-tempered Potteries

反映了广西早期文明化进程中来自岭北地区文化的重要影响，是多元一体中华文明形成中的岭南贡献。牛路冲遗址是目前岭南唯一一座经科学考古发掘确认的秦统一岭南以前的城址，为探索华南地区早期文明化进程研究提供了重要的资料。

（供稿：何安益　由丹　付永旭　李天月）

陶罐口沿
Rim of the Pottery Jar

陶圈足器
Pottery with Ring Foot

陶纺轮
Pottery Spinning Wheel

石锛
Stone Adze

三棱形石镞
Triangular Stone Arrowhead

三棱形石镞
Triangular Stone Arrowhead

T 形石环
T-shaped Stone Ring

石环
Stone Ring

炭化稻米
Carbonized Rice

The Niuluchong Site is located in Niuluchong Village, Gongcheng Town, Gongcheng Yao Autonomous County, Guilin City, Guangxi Zhuang Autonomous Region. In 2024, the Guangxi Institute of Cultural Relics Protection and Archaeology and others, conducted archaeological excavations at the site, uncovering an area of 3,500 square meters. The Niuluchong walled site is rectangular in plan, with an inner area of 23,100 square meters and a surrounding moat outside the walls. Numerous ash pits and pillar holes were discovered within the site. A large number of pottery and stone tools were unearthed, and a significant quantity of cultivated short-grain carbonized rice was floated from the ash pits and pillar holes. The Niuluchong Site is a settlement dating from the late Neolithic period to the Shang Dynasty. It is the only walled site with the earliest date confirmed by scientific archaeological excavation in the Lingnan region. The excavation of this site provides important evidence for exploring the early civilization process in Southern China.

四川马尔康孔龙村新石器时代遗址

KONGLONGCUN NEOLITHIC SITE IN MA'ERKANG, SICHUAN

孔龙村遗址位于四川省阿坝藏族羌族自治州马尔康市脚木足乡孔龙村一组，地处大渡河正源脚木足河东岸二级阶地，海拔 2470 米。遗址面积约 10 万平方米，是大渡河上游河源地区规模最大的新石器时代晚期中心聚落遗址，年代为距今 5500～4800 年。20 世纪 80 年代，孔龙村遗址在调查中被发现；2007 年，遗址作为脚木足河流域古遗址群的核心遗址被四川省人民政府公布为第七批省级文物保护单位。

遗址全部位于双江口水电站淹没区，由于历史时期人类活动和近现代工业农业活动破坏，遗址南部、东南部被严重破坏，占遗址的大半；遗址西北部保存较好，面积约 4 万平方米。为配合大渡河双江口水电站建设，经国家文物局批准，2023 年 7 月至 2024 年 10 月，四川省文物考古研究院等单位对该遗址进行了考古发掘，发掘面积 7000 平方米。清理遗迹 400 余处，包括房址、灶、陶窑、灰坑、灰沟等，类型多样，保存较好。

房址包括地面式、半地穴式和干栏式。地面式房址残存墙体基槽、柱洞、垫面或居住面，平面多近方形，分大、小两类。大型者面积约 100 平方米，室内未见灶或用火痕迹，集中成排分布，推断该类房址可能为库房或公共礼仪类建筑。小型者面积 20～30 平方米，室内有带储火坑的圆形坑式灶，应为居住类房屋，密集分布于遗址东部。半地穴式房址有圆角长方形、葫芦形、圆形三种。圆角长方形半地穴式房址中部多有隔墙，有的与陶窑共存，应为陶窑附属的操作间或兼具晾坯、堆柴等功能，推断其为与手工业生产相关的建筑。葫芦形半地穴式房址平面近圆角方形，年代较晚，应是由圆角长方形半地穴式房址演变而来。圆形半地穴式房址内有圆形坑式灶、柱洞和保存较好的居住面，推断其为日常居住用房。干栏式房址多为长方形，柱洞横、竖成排规律分布，此类房址散布于遗址各处，有迹象表明其可能为仓储类建筑。

灶一般位于小型地面式房址内，正对门道位置。圆形坑式灶，保留多层灶面，为细泥抹成，

发掘区
Excavation Area

边缘抹泥形成低矮的弧壁灶圈。灶坑一侧带长方形浅坑式储火坑，坑壁多立石板，顶部有盖板，个别储火坑内仍留储火罐。

陶窑窑室、火膛较大，火膛底与窑室底部高差较大，可分A、B两类。A类陶窑火膛较大、较深，位于窑室一侧下方，为大型半地穴操作坑底部向下掏挖而成，火膛内有双火道，斜向上连通窑室内的环形火道，环形火道中部为台式窑床。B类陶窑火膛位于窑室斜下方，向窑室伸出三条火道，未见附带的大型操作坑，窑室不存，结构不明。

灰坑规模、种类差异较大。大型灰坑面积逾100平方米，平面形状不规则，底部凹凸不平；堆积一般可分为3～5层，红褐色黏土层与灰黑色垃圾堆积层交替叠压。中型灰坑与大型灰坑类似，推断是挖坑取土后倾倒垃圾形成。小型灰坑数量较少，形制规整，平面多近圆形或椭圆形，直径1.5～2米，坑壁规整，底部平整，有的呈袋状，底部发现黍粟、特殊黏土、石块等，应为窖穴。

出土小件器物28000余件，另有数量庞大的陶片和动植物遗存。器物按材质分为陶器、玉器、石器及骨、角、蚌器等，按功能分为生活用具、

装饰品、生产工具和礼仪用品。陶器主要有泥质陶、彩陶和夹砂陶器三种，已修复陶器300余件，待修复陶器1000余件。泥质陶类型丰富，包括钵、杯、盘、盆、瓶、壶、罐、瓮等，发现大量重唇小口尖底瓶；彩陶种类丰富、数量较多，早晚变化明显，器类包括钵、盆、盘、瓶、壶、罐、瓮、器盖等；夹砂陶器形多为鼓肩深腹，器类包括侈口罐、敛口罐、缸、盆等，多饰绳纹和附加堆纹。发现少量玉器，玉材非来源于本地，玉器主要分两类，一类为斧、钺、锛、凿等礼仪用器，另一类为环、镯等装饰品。石器主要有刀、斧、锛、璧、穿孔器、垫、磨石等，另有数量较多的细石核、细石叶。骨器1000余件，包括笄、匕、锥、骨梗石刃刀、镞、针、环、璧、穿孔骨片等，数量较多且保存完整的骨梗石刃刀为横断山区的首次发现。此外还发现穿孔云母片、树皮、疑似粪便等。

^{14}C 测年及类型学初步研究显示，遗址年代距今5500～4800年，至少可分三期。早期为源于黄河上游、以大地湾四期为代表的仰韶文化晚期类型，中期开始受到马家窑文化的强烈影响，晚期时本地特征逐渐显现。

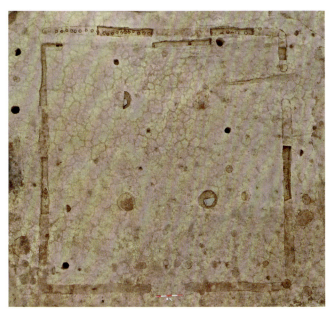

大型地面式房址 F23
Large Ground-level House Foundation F23

Z3
Hearth Z3

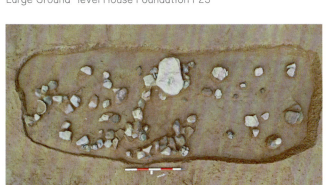

半地穴式房址 F9
Semi-subterranean House Foundation F9

H31
Ash Pit H31

　　发掘的同时，联合 10 余家单位组建了科技考古研究团队，将年代学、古地貌、古环境、古 DNA、生业经济、陶石器工艺成分、遗迹功能及遗址形成过程等问题的研究贯穿于田野工作。动植物考古、同位素及残留物分析确认了川西地区目前最早的农作物粟、黍及家畜猪、狗。遗址植物资源以农作物为主，新发现粟、黍种植过程中存在中重度的施粪肥行为。肉食资源以野生动物为主，主要是鹿类和羊 / 羚羊亚科，脂质残留物分析表明存在乳制品加工食用现象。陶器科技研究证实彩陶呈现两种不同的成分类型，可能对应着不同的生产单位，且彩陶烧成温度明显高于非彩陶，并在成分上与非彩陶区别明显。木炭分析表明遗址薪柴利用以针叶树

种为主，偏好松属木材；同时发现梨属、苹果亚科、沙棘属等树种的新鲜细枝，表明可能存在人类管理果树和采集食用果实行为。此外，遗址晚期阶段整体利用木材种类增多，尤其是耐干冷树木种类增多，喜温湿树种比例下降，指示区域气候逐渐向冷干转变。其他相关课题的多学科研究工作正在稳步推进。

　　本次发掘工作首次在西南地区发现了大型地面房址群、类型丰富且保存良好的陶窑群及特大型灰坑群，出土了数量巨大、类型丰富的陶器，特别是首次在川西地区发现了特征鲜明的石岭下类型风格彩陶和大量马家窑文化及本土类型的彩陶，同时出土了以钺、铲、大型环等为代表的高规格玉器，以及笄、针、骨梗石刃刀等种类丰富

灰坑 H31 剖面
Section of the Ash Pit H31

的精致骨器。孔龙村遗址规模较大，延续时间长，出土遗物数量巨大且等级较高，表明该遗址具有区域中心聚落的重要地位。

孔龙村遗址是迄今川西地区年代最早、规模最大、保存最好、出土器物最丰富的新石器时代晚期中心聚落遗址，丰富的遗存为研究青藏高原东缘及川西地区新石器时代考古学文化内涵性质、年代分期以及聚落形态、生业经济、手工业生产、社会面貌等诸多问题提供了大量宝贵的新资料。遗址的发掘对于古人类在特殊高海拔河谷环境的适应机制，黄河上游仰韶晚期文化、马家窑文化向青藏高原及西南地区的传播拓展，长江、黄河上游地区新石器时代晚期的文化互动以及中华文明多元一体格局和中华民族共同体的形成等关键问题的深入研究具有重大意义。

（供稿：高寒　李俊　童兴茂）

H136
Ash Pit H136

Y12
Pottery Kiln Y12

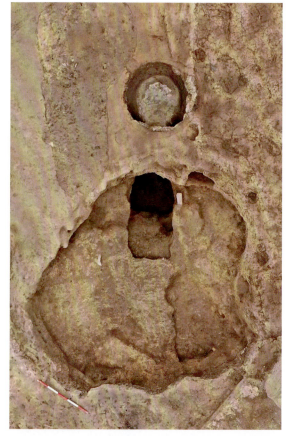

Y5
Pottery Kiln Y5

陶塑
Pottery Figurines

骨器
Bone Tools

夹砂陶缸
Sand-tempered Urns

泥质陶器
Fine Clay Potteries

夹砂陶罐
Sand-tempered Jars

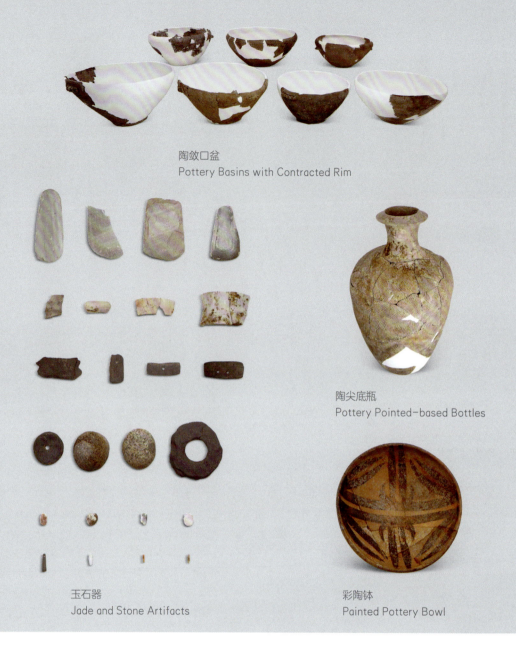

陶敛口盆
Pottery Basins with Contracted Rim

陶尖底瓶
Pottery Pointed-based Bottles

玉石器
Jade and Stone Artifacts

彩陶钵
Painted Pottery Bowl

The Konglongcun Site is located in Konglong Village, Jiaomuzu Township, Ma'erkang City, Aba Tibetan and Qiang Autonomous Prefecture, Sichuan Province, at an elevation of 2,470 meters, with an area of 100,000 square meters. From 2023 to 2024, the Sichuan Institute of Cultural Relics and Archaeology conducted archaeological excavations at the site, uncovering an area of 7,000 square meters. Over 400 remains, including house foundations, ash pits, and pottery kilns, were excavated, and more than 28,000 artifacts made of pottery, jade, bone, and stone were unearthed. Preliminary research indicates that the site dates back to 5500-4800 years ago and can be divided into three phases. The early phase shows characteristics of the late Yangshao Culture, the middle phase exhibits strong influences from the Majiayao Culture, and the late phase gradually reveals local features. The Konglongcun Site is the earliest, largest, best-preserved, and most artifact-rich Neolithic central settlement site discovered in western Sichuan to date. It provides new materials for studying the cultural characteristic, chronological phase, settlement pattern, subsistence, handicraft production, and social structure of Neolithic archaeological cultures on the eastern edge of the Tibetan Plateau.

河北涞水
富位遗址

FUWEI SITE IN LAISHUI, HEBEI

富位遗址地处太行山东麓，位于河北省涞水县胡家庄乡富位村南一处北易水的二级阶地上，南距北易水今河道约 200 米，高差约 2 米。1985 年拒马河考古队发现并试掘此遗址，初步调查结果显示遗址面积约 5000 平方米，发现新石器时代至明清时期的遗存，其中早商时期遗存为其主体，文化面貌兼具浓郁的商文化和本地文化因素特征，称为"富位三期遗存"。

2021 ~ 2022 年，中国社会科学院考古研究所与河北省文物考古研究院、涞水县文物局（涞水县文物管理所）联合组队，以构建多学科支撑下的先秦时期文化序列编年为目标，在涞水县境内进行了持续、系统的调查与发掘。2023 年，张家洼遗址发掘工作暂告一段落，为继续补充华北平原北缘地区先秦考古学文化编年体系的缺环和多学科综合研究的不足、进一步厘清"富位三期遗存"的文化面貌及其源流，联合考古队开始在富位遗址展开系统工作。2023、2024 两个年度发掘总面积约 1100 平方米，发现夯土遗迹 2 处、沟 3 条，清理墓葬 36 座（含 3 座瓮棺葬）、灰坑近 250 个，遗迹年代包括早商、战国秦汉、北朝、辽金至明代等多个时期。

商代早期遗存是富位遗址的主体遗存，遗迹有夯土、沟、墓葬和灰坑。在台地西北部发现聚落外围的一段墙垣和壕沟，二者南北紧邻，墙垣位于壕沟南侧，均呈西北—东南向，方向约 110°，揭露长度超过 40 米。墙垣的地上墙体已破坏殆尽，仅余部分基槽。现存基槽剖面呈倒梯形，上缘宽约 6.3 米，现存深度约 0.58 米，填土为较纯净的黄色土，经简单夯打，夯层厚 4 ~ 8 厘米。壕沟至少经过一次大规模的清淤、扩宽，因此目前至少可分出早、晚两期，两期壕沟的方向基本一致，局部有交叉。早期沟为斜弧壁，圜底，现存宽约 2.3、深约 1.05 米，填土为褐色淤土与黄白沙土层层交替；晚期沟为斜壁，底近平，揭露宽逾 9 米，勘探显示最宽处约 16 米，深 0.35 ~ 1.44 米，

2024 年度发掘区全景（上为北）
Full View of Excavation Area in 2024 (north at the top)

商代墙垣基槽剖面局部
Partial Section of Foundation Trench of the Wall of Shang Dynasty

商代壕沟剖面局部
Partial Section of Moat of Shang Dynasty

填土主要为分层明显的褐色淤土。壕沟上部打破基槽北缘少许，根据沟内出土遗物及层位关系推测，墙垣和壕沟的年代均不晚于商代早期。该墙垣是华北平原中北部地区迄今发现的年代最早的夯土遗迹，因此富位遗址也是目前河北省内年代最早的商代环壕聚落。

经勘探，壕沟在台地中部向南拐，并在接近台地南侧边缘地带有向西收的趋势，与台地西南侧的断崖合围，探出壕沟总长约 200 米，估算现存聚落面积约 8500 平方米。

本次考古工作还发现一处大坨头文化晚期墓地。墓地位于聚落内东北部，性质较为单纯，墓葬排列有序，行、列垂直，整体走向与墙垣、壕沟一致。目前已揭露出 6 排、11 列共 25 座墓葬以及墓地的北、西两侧边缘，分布最北的一排墓葬打破墙垣基槽的南缘，最西的一列墓葬位于 2024 年发掘区的中部，距台地西侧断崖约 18 米。墓葬均为圆角长方形竖穴土坑墓，西北—东南向，墓向多集中于 92° ~ 120°。墓葬规模一般为东西长 2 ~ 3、南北宽 0.7 ~ 1.3 米，直壁，平底，熟土二层台常见，个别墓葬有生土二层台。普遍有木质葬具，绝大多数为单棺，少数为一棺一椁。葬式以仰身直肢的一次葬为主，少数为二次葬，一次葬者头向均为东向。殉牲较为常见，种类以羊为主，也有牛、狗，通常仅见颅骨，被放置于二层台上，殉牲吻部朝向与墓主头向垂直。

除 M37 之外，其他墓葬均有随葬器物，以陶器为主，也有蚌饰、海贝和小型玉器。陶器一般为完整器，被放置于棺内墓主头侧或脚侧，偶见碎器葬，均为泥质灰陶，组合种类多样，常见器形有鬲、罐、钵、盆、尊、簋、豆等，以大坨头文化中常见的折肩鬲、折腹尊、侈口折肩罐、敞口或敛口钵为主流，也有少量具有二里岗上层文化特征的尊、簋、假腹豆等。陶器多施彩绘，流行几何纹饰带，特别是黄、白、红三色的三角折线或回纹，一般施于器物唇上、沿下、肩部、上腹部，也有在二里岗上层文化特征的陶簋表面施彩绘的情况。蚌饰常成组、成串见于墓主头端、颅骨临近区域或颅骨下，个别还夹杂海贝，可能为头饰。玉器有属典型二里岗上层文化的玉柄形器残件，也是迄今所见分布最北的玉柄形器。从随葬陶器来看，这批墓葬的年代应属大坨头文化晚期，^{14}C 测年结果显示绝对年代集中于 1500BC～1300BC，与陶器年代相符合，突破了既往认识中大坨头文化的年代下限。

M20 葬俗比较特殊，四壁有高约 2 米的生土二层台，墓室内分层埋葬 2 人，均为一次葬，女性。下层葬具为一棺一椁，棺内随葬彩绘陶器 4 件；上层葬具为单棺，仅随葬素面小陶罐 1 件。在上、下层葬具之间有一狗作为殉牲。根据葬具和随葬器物的情况推测，下层棺内应为墓主，等级高于上层，不排除上层为殉人的可能。

早商时期灰坑的密集分布区位于聚落内的西部和南部，与墓地相互分离。灰坑形制多较为规整，平面呈圆形，直壁或袋状，平底，个别灰坑内发现有较完整的牛、羊、鹿等动物骨骼。灰坑出土器物

商代墓葬 M29
Burial M29 of Shang Dynasty

商代墓葬 M7 殉牲出土情况
Sacrificial Animals Unearthed from Burial M7 of Shang Dynasty

有陶器、石器、铜器、骨器、牙器和卜骨等。陶器以夹砂陶为主，陶色以褐陶、灰陶为多，黑皮陶次之，红陶数量最少，也有少量印纹硬陶。器形丰富，主要有鬲、罐、盆、簋、尊、瓮、豆、甗、甑、钵、盔形器等。陶器显示出的文化因素构成复杂，既有典型大坨头文化的折肩鬲、大口折肩瓮，也有下七垣文化下岳各庄类型的侈口垂腹袋足鬲，还有二里岗文化的折沿鬲、弧腹盆、假腹豆、双耳簋及直口

商代墓葬 M20 上层单棺
Single Coffin in the Upper Layer of Burial M20 of Shang Dynasty

商代墓葬 M20 下层一棺一椁
Inner and Outer Coffins in the Lower Layer of Burial M20 of Shang Dynasty

商代灰坑 H204 出土牛骨
Cattle Bones Unearthed from Ash Pit H204 of Shang Dynasty

商代灰坑 H265 出土鹿骨
Deer Bones Unearthed from Ash Pit H265 of Shang Dynasty

圜底的印纹硬陶罐等，但更具特色的是一类融合本地文化因素和二里岗上层文化因素形成的新的遗存。通过梳理各文化因素的历时性变化可知，最早出现在居址中的为下七垣文化和大坨头文化因素，而后二里岗文化因素进入，与本地文化因素融合形成独具特征的"富位三期遗存"。

富位遗址应是早商时期保定北部地区一处重要的中心性聚落。本次发掘，一方面将大坨头文化的年代下限延伸至公元前 1300 年前后，其与围坊三期文化前后承接，中间不存在年代缺环，进一步完善了华北平原北缘地区夏至西周时期的考古学文化编年；另一方面廓清了大坨头文化分布范围的南界。富位遗址地处大坨头文化与商文化接触的前沿地带，与京津乃至冀北的同时期遗存相比，受商文化影响更为显著，以致形成了文化面貌特殊的"富位三期遗存"。富位遗址早商围垣聚落的发现，为讨论商文化的北进、商王朝经营北土的策略以及本地人群的族群构成、迁徙和社会结构等问题提供了重要资料。

（供稿：王含元　常怀颖　杨钢成）

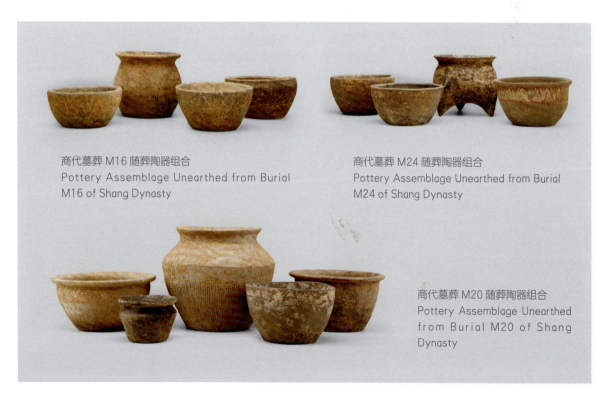

商代墓葬 M16 随葬陶器组合
Pottery Assemblage Unearthed from Burial M16 of Shang Dynasty

商代墓葬 M24 随葬陶器组合
Pottery Assemblage Unearthed from Burial M24 of Shang Dynasty

商代墓葬 M20 随葬陶器组合
Pottery Assemblage Unearthed from Burial M20 of Shang Dynasty

商代灰坑 H25 出土陶鬲
Pottery *Li* Unearthed from Ash Pit
H25 of Shang Dynasty

商代灰坑 H29 出土陶鬲、陶豆
Pottery *Li* and Pottery *Dou*-stemmed Bowl
Unearthed from Ash Pit H29 of Shang Dynasty

商代灰坑 H49 出土陶鬲
Pottery *Li* Unearthed from Ash
Pit H49 of Shang Dynasty

商代灰坑 H39 出土陶豆
Pottery *Dou*-stemmed
Bowl Unearthed from Ash
Pit H39 of Shang Dynasty

商代灰坑 H178 出土陶瓮
Pottery Urn Unearthed from
Ash Pit H178 of Shang Dynasty

商代灰坑 H178 出土印纹硬陶片
Stamped Hard Pottery Unearthed
from Ash Pit H178 of Shang Dynasty

商代灰坑 H170 出土卜骨
Oracle Bone Unearthed from
Ash Pit H170 of Shang Dynasty

商代灰坑 H223 出土细石器
Microlith Unearthed from Ash
Pit H223 of Shang Dynasty

The Fuwei Site is located on a second terrace of the North Yi River, south of Fuwei Village, Hujiazhuang Township, Laishui County, Hebei Province. From 2023 to 2024, a joint archaeological team led by the Institute of Archaeology, Chinese Academy of Social Sciences, conducted excavations at the Fuwei Site, yielding three major findings. First, they uncovered the wall and moat on the periphery of the settlement, both oriented northwest to southeast. These remains date no later than the early Shang Dynasty and represent the earliest rammed earth remains discovered in the north-central part of the North China Plain to date. Second, they discovered a concentrated and well-organized cemetery of the Datuotou Culture, with 25 tombs excavated so far, filling a gap in the understanding of the Datuotou Culture. Third, the excavation clarified the phased changes in the remains of the site and gained preliminary insights into the culturally complex "Fuwei III Type". This cultural type formed on the basis of the local Xiayuegezhuang Type of Xiaqiyuan Culture and the Datuotou Culture, influenced by the northward expansion of the Upper Erligang Culture.

江西九江
荞麦岭遗址群岭头上遗址

LINGTOUSHANG SITE IN THE QIAOMAILING SITES, JIUJIANG, JIANGXI

荞麦岭遗址群位于江西省九江市柴桑区马回岭镇富民村荞麦岭自然村，是"考古中国"之"长江中游文明进程研究"的重点项目。岭头上遗址是荞麦岭遗址群 40 余处先秦遗址点中保存较为完好的核心点位，为墩台型遗址，平面近圆形，面积约 4 万平方米。2024 年，江西省文物考古研究院对岭头上遗址进行了考古发掘，发现不同时期遗迹 200 余处，主要为新石器时代晚期墓葬、居址、玉石器加工遗存和商代二里岗时期居址、冶炼遗存，还有北宋墓葬及南宋居址等，取得了重要收获。

遗址中部、西北部文化层堆积较厚，最厚处达 2 米，普遍厚 1～1.5 米。文化堆积可分为 7 层：第①层为现代耕土层，第②层为明清地层，第③层为宋代地层，第④层为唐代地层，第⑤层为商代地层，第⑥、⑦层为新石器时代晚期地层。遗址东南部因现代烧窑取土破坏，耕土层下即为早期文化堆积，其中商代房址、灰坑等直接打破新石器时代晚期墓葬。

岭头上遗址新石器时代晚期阶段遗存主要见有墓葬、居址和玉石器加工遗存三类。

墓葬分布于遗址东南部，目前发现 41 座，墓向以南北向为主，少量为西北—东南向和东西向，分布排列可见分组。已发掘 5 座，均为竖穴土坑墓，保存较好的墓葬见有人骨，可见葬式为单人仰身直肢葬，头向皆为南向，葬具为独木棺。随葬器物多为陶器，一般放置于足部，也出土有石钺、石锛和小件玉器。陶器主要文化面貌为崧泽文化晚期和良渚文化晚期两段。已清理的墓葬可见时代、性别和贫富差异。

玉石器加工遗存分布于遗址北部，采集炭样测年显示，玉石器加工遗存的年代距今约 4200 年，结合出土陶器判断，这组遗存大致相当于长江下游地区良渚文化晚期、长江中游地区屈家岭文化晚期阶段。相关遗迹主要有石块堆积、半地穴式房址、柱洞、灰坑等。这些遗迹构成了不同的功能分区，揭示了从原料取材到制造、废弃物倾倒以及生活等场景。相关遗物主要有砾石原料、玉石器成品和半成品、磨石和砾石、废弃石片等，标本数量逾万件。遗址内玉、石遗物伴生共出，石器以页岩、泥岩为主，器形见有锛、斧、镞等；玉器以石英岩为主，多见坯料、钻芯等。

岭头上遗址新石器时代晚期墓地是赣北地区首次发现的史前墓葬区，填补了这一区域的空白，为完善这一区域新石器时代考古学文化序列提供了重要资料，对长江中游地区史前墓葬和史前社会研究具有重要意义。玉石器加工遗存则为史前制石、制玉工艺研究和玉质文物保护提供了重要资料，对这一区域新石器时代晚期手工业技术发展、资源与生业社会模式及区域社会文明化进程研究具有重要意义。岭头上遗址新石器时代晚期阶段聚落形态完整，居址、墓地、手工业作坊等各项聚落要素齐备，是江西地区新石器时代保存最好的聚落遗址之一，对建立赣江流域新石器时代文化谱系、认识区域族群文化面貌具有重要价值。

新石器时代晚期墓葬分布情况
Distribution of Late Neolithic
Burials

岭头上遗址商代二里岗期主要见有冶炼和居址两类遗存。冶炼遗存主要分布于遗址中北部，相关遗迹多为灰坑，出土孔雀石、铜渣、炉壁残块、铜镞等矿冶相关遗物。居址主要分布于遗址东南部，遗迹主要有半地穴式房址、灰坑、灰沟等，出土器物有陶器、石器等，陶器有鬲、斝、爵、罐、尊、钵、大口缸等，石器有斧、锛、凿、刀、锤、镞等。

岭头上遗址出土的矿冶遗物，是长江中游铜矿带早期冶炼证据之一，表明该区域已从石器时代进入了青铜时代，为探究商代早期矿冶技术提供了重要的实物资料。有组织、懂采矿、会冶炼青铜的中原商文化人群集中在此分布，是早商王朝的国家行为，直接证明了早商王朝对南方铜矿

资源的控制、开发和利用，是理解和阐释早商王朝资源控制和利用的珍贵资料。荞麦岭遗址群是长江中游南岸以中原夏商文化因素为主体的大型聚落遗址，遗址群中多数遗址点位的商时期地层堆积深厚，文化面貌清晰，遗址群所在区域是中原夏商文化影响和控制东南的枢机所在。

此次在岭头上遗址中部发掘北宋墓葬6座，均为竖穴土坑墓，直壁，平底，墓向多为东北—西南向，单人葬，头向多朝东。墓室平面呈长方形，全长2.3～2.8米。部分有木棺痕迹，外围及底部填沙石。出土随葬器物共74件（套），以瓷器为主，另有少量釉陶器、铁器、铜钱等。铜钱见有"开元通宝""淳化元宝""至道元宝""咸平元宝""景德元宝""祥符元宝""天圣元宝"等。

新石器时代晚期 M10
Burial M10 of Late Neolithic Period

新石器时代晚期 M12
Burial M12 of Late Neolithic Period

商代房址 F2 及组合柱洞
House Foundation F2 and Associated Pillar Holes of Shang Dynasty

商代 H25 陶片堆积
Pottery Sherd Accumulation in the Ash Pit H25 of Shang Dynasty

北宋墓葬 M15
Burial M15 of Northern Song Dynasty

南宋房屋建筑基址 F3
Architectural Foundation F3 of Southern Song Dynasty

新石器时代晚期 M10 出土陶壶
Pottery Pot Unearthed from Burial
M10 of Late Neolithic Period

新石器时代晚期 M12 出土陶器组合
Pottery Assemblage Unearthed from Burial M12
of Late Neolithic Period

新石器时代晚期 M12 出土带盖陶杯
Pottery Cup with Lid Unearthed
from Burial M12 of Late Neolithic
Period

新石器时代晚期 M12 出土石锛
Stone Adze Unearthed from
Burial M12 of Late Neolithic
Period

新石器时代晚期 M12 出土石钺
Stone *Yue*-axe Unearthed from
Burial M12 of Late Neolithic
Period

商代 H13 出土石锛纹饰
Pattern of Stone Adze Unearthed from
Ash Pit H13 of Shang Dynasty

商代 H13 出土陶鬲
Pottery *Li* Unearthed from Ash
Pit H13 of Shang Dynasty

商代 H18 出土陶鬲
Pottery *Li* Unearthed from Ash
Pit H18 of Shang Dynasty

　　综合钱币的铸造年代和其他出土器物特征判断，这批宋墓的时代应不晚于北宋中期。从墓葬规格和随葬器物数量、质量来看，墓主皆为平民。此次发掘的北宋墓葬，为研究这一区域北宋时期的丧葬习俗提供了新资料。

　　在对岭头上遗址墩台外围壕沟进行解剖时还发现一处南宋居址，见有天井、暗沟等设施，出土青白瓷碟、碗、器盖、粉盒及黑釉盏、铁刀、铜钱等器物共 200 余件。多数青白瓷器底部有墨书"比宅"二字。据《宋史·舆服志》所载"臣庶室屋制度。私居，执政、亲王曰府，余官曰宅，民曰家"判断，此处应为南宋时期一处"比"姓官员住宅。南宋房屋建筑基址的发现，对于了解这一地区宋代官员住宅建筑形制有重要意义。

（供稿：饶华松　谢青　刘自枝）

商代 H18 出土陶斝
Pottery *Jia* Unearthed from
Ash Pit H18 of Shang Dynasty

商代 H25 出土陶斝
Pottery *Jia* Unearthed from
Ash Pit H25 of Shang Dynasty

商代 H25 出土陶罐
Pottery Jar Unearthed from Ash
Pit H25 of Shang Dynasty

商代 H25 出土陶罐
Pottery Jar Unearthed from
Ash Pit H25 of Shang Dynasty

商代 H25 出土陶爵
Pottery *Jue* Unearthed from
Ash Pit H25 of Shang Dynasty

商代 H25 出土陶尊
Pottery *Zun* Unearthed from Ash
Pit H25 of Shang Dynasty

商代 H97 出土炉壁残块
Furnace Wall Fragment
Unearthed from Ash Pit
H97 of Shang Dynasty

T0302 商代地层出
土铜镞
Bronze Arrowhead
Unearthed from
Stratigraphy of
Shang Dynasty in
T0302

The Qiaomailing Sites are located in Qiaomailing Village, Fumin Village, Mahuiling Town, Chaisang District, Jiujiang City, Jiangxi Province. The Lingtoushang Site is the one of the well-preserved core site among more 40 pre-Qin sites of Qiaomailing Sites. It is a mound-type site with a nearly circular plan, covering an area of 40,000 square meters. In 2024, the Jiangxi Provincial Institute of Cultural Relics and Archaeology conducted archaeological excavations at the Lingtoushang Site, uncovering more than 200 remains dating to the late Neolithic period, the Erligang period of the Shang Dynasty, and

the Northern and Southern Song Dynasties. Among these, the late Neolithic cemetery is the first prehistoric burial area discovered in northern Jiangxi, filling a gap in the region. The late Neolithic jade and stone tool processing remains provide important materials for studying prehistoric stone and jade craftsmanship. The mining and metallurgical remains from the Erligang period of the Shang Dynasty are of great significance for exploring early Shang metallurgical technology and serve as valuable materials for understanding and interpreting the resource control and utilization strategies of the early Shang Dynasty.

吉林大安东山头遗址
2023 ～ 2024 年发掘收获

EXCAVATION RESULTS OF THE DONGSHANTOU SITE IN DA'AN, JILIN IN 2023-2024

东山头遗址位于吉林省大安市月亮泡镇东山头村东山头屯西北侧的岗地上，东距嫩江约 1 公里，地理坐标为北纬 45° 40′ 13.5417″，东经 124° 04′ 17.4437″。岗地大体呈南北向，山岗上下高差约 30 米。岗下东西两侧为积水沼泽地，丰水期东侧沼泽地与嫩江水面相连。

为配合基本建设，2023 年 4 月至 2024 年 12 月，吉林省文物考古研究所联合大安市博物馆等单位对东山头遗址进行了抢救性发掘，发掘面积共计 1500 平方米，揭露青铜时代遗迹 75 处，其中房址 4 座、墓葬 37 座、灰坑及窖穴 31 个、灰沟 1 条、灶 2 座，出土完整及可复原陶器、玉石器、铜器、金器、骨器、蚌器等各类器物近 1800 件。陶器分生产生活用器及明器两类，生产生活用器中可辨器形有壶、罐、钵、碗、杯、鬲、支脚、纺轮、铃、勺及范等，明器主要为鬲；玉石器主要为饰件，

包括滑石管、绿松石管、玛瑙珠、天河石珠等，另有少量石镞；铜器主要为饰件，包括泡、环、镯、管、牌饰等，另有锥、镞、刀、剑、匕等生产生活用器；金器虽仅出土 1 件管状饰品，但其为大安地区首次发现；骨器数量较少，可辨器形有卜骨、镞、口簧、锥等；蚌器绝大多数为饰件。

遗址发掘分为生活区及墓葬区两个部分。

生活区揭露的主要遗迹为房址及灰坑窖穴。房址 4 座，均为长方形半地穴式，灶多位于房内中部，房屋转角处多有室内窖穴。以 2024 年发掘的 F2 为例，介绍如下。

2024F2 开口距地表 0.24～0.36 米，方向 104°，西侧被现代沟打破，残留部分平面近长方形，圆角斜直壁，东西残长 3.34～3.56、南北宽 4.54～4.78、深 0.24 ～ 0.36 米。底部居住面四周略高，中部稍低，踩踏痕迹较明显。房内堆积仅有 1 层，

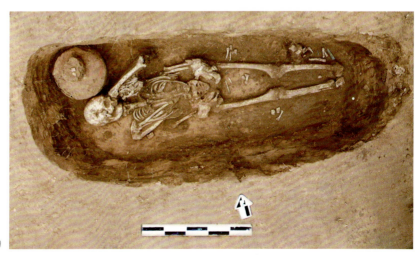

2023M19
Burial 2023M19

2024M8
Burial 2024M8

2023M11
Burial 2023M11

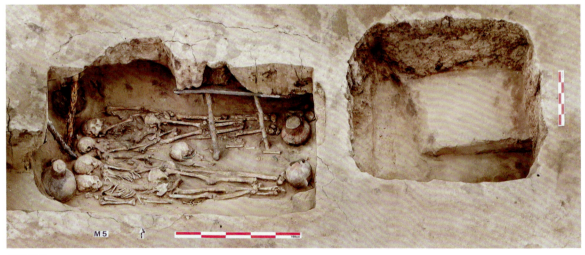

2024M5
Burial 2024M5

遍布整个房址，为黑褐色沙土，较疏松，内含较多植物根茎、少量白土块及零星烧土颗粒等。房内可见灶 1 座，位于中部区域，平面近椭圆形，圜底，东西长 0.88、南北宽 0.58、深 0.32 米。灶内烧结面厚 0.08～0.28 米。房内发现柱洞 1 个，平面呈圆形，直径 0.18～0.22、深 0.34 米。房内东南角发现室内窖穴 1 个，平面近圆角长方形，斜壁下张，剖面呈袋状，底部较平，东西长 2.08、南北宽 1.52、深 1.7 米。未发现门道。房址出土完整陶杯 1 件，其余均为陶器残片。陶片以泥质黄褐陶为主，有零星夹砂红衣陶残片。除个别陶支座火候较低外，其余陶片火候较高。制法有手轮兼制、手制等。可辨器形有支座、钵、杯、罐、壶、鬲等。残片器表纹饰有附加堆纹、几何篦点纹、戳印纹、指压纹、篦点纹、绳纹与划线纹等，以绳纹及划线纹为主，几何篦点纹与附加堆纹次之。

从文化面貌特征看，全部属于白金宝文化。

墓葬区揭露墓葬 37 座，形制多样。根据埋葬方式可分一次葬和二次葬两类，一次葬又分单人一次葬和多人一次葬两种。现择典型墓例介绍如下。

2023M19　单人一次葬。竖穴土坑墓，平面呈圆角长方形，直壁，平底，方向 292°。开口距地表 0.21 ~ 0.26 米，长 1.9 ~ 2、宽 0.65 ~ 0.73、深 0.62 ~ 0.73 米。骨骼摆放较整齐，根据骨骼现状判断为仰身直肢葬。出土器物 23 件。

2024M8　单人一次葬。洞室墓，全长 3.49、宽 1.31 米，方向 271°。墓道开口距地表 0.25 ~ 0.35 米，平面呈圆角方形，斜直壁，平底，长 1.1、宽 1.06、深 0.56 米。墓室平面呈圆角长方形，直壁，平底，长 2.1、宽 1.31、深 0.68 米。墓室内人骨保存较完整，葬式为仰身直肢葬。出土器物 9 件，另有陶铃饰件 1 组，可能与古代宗教活动有关。

2023M11　多人一次葬。竖穴土坑墓，平面呈圆角长方形，直壁，平底，方向 281°。开口距地表 0.3 ~ 0.35 米，长 2.1 ~ 2.15、宽 1.3 ~ 1.35、深 0.75 ~ 0.8 米。墓内共发现人骨个体 7 具，颅骨朝向不一，头脚相对，骨骼上下错位叠压，根据骨骼现状判断皆为仰身直肢葬。出土器物 23 件。

2024M5　多人一次葬。洞室墓，全长 4.15、宽 1.55 米，方向 270°。墓道开口距地表 0.25 ~ 0.35 米，平面近圆角方形，斜直壁，平底，长 0.92 ~ 1.41、宽 1.54、深 0.55 ~ 0.57 米。墓室平面呈椭圆形，弧形顶，平底，长 2.55、宽 1.45、深 0.4 ~ 0.48 米。根据颅骨的保存数量判断，墓内共有人骨个体 5 具，4 具摆放相对整齐，1 具仅存头骨。出土器物 35 件。

2023M9　多人一次与二次混合葬。竖穴土坑墓，平面呈圆角长方形，直壁，平底，方向 275°。开口距地表 0.32 米，长 2.75、宽 1.84 ~ 2、深 0.9 米。墓内多数人骨杂乱，埋藏深度不一，但存有数根原位摆放的腿骨。出土器物较丰富，共 138 件。

2023M10　多人二次葬。竖穴土坑墓，平面呈圆角长方形，直壁，平底，方向 282°。开口距地表 0.15 ~ 0.24 米，长 3.22 ~ 3.34、宽 1.88 ~ 2.1、深 0.82 ~ 0.88 米。墓内人骨杂乱，埋葬深度不一。出土器物丰富，共 202 件。

根据阶段性整理情况，2023 ~ 2024 年的考古发掘收获主要表现在以下两个方面。

首先，根据出土器物的文化面貌特征，初步

2024M5 墓室
Burial Chamber of 2024M5

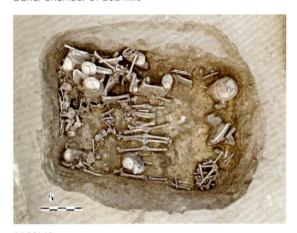

2023M9
Burial 2023M9

2023M10
Burial 2023M10

可将东山头遗址分为白金宝文化和汉书二期文化前后两期遗存。其中，白金宝文化遗存主要为房址及灰坑窖穴，而汉书二期文化遗存主要为墓葬。除上述两期遗存外，另有少量器物表现出更早的文化特征，因该类遗存出土数量有限，其文化性质暂时无法明确，有待日后考证。

房址内出土部分器物
Partial Artifacts Unearthed from House Foundation

2023M19 部分随葬器物
Partial Burial Goods Unearthed from 2023M19

2024M8 出土陶铃饰件
Pottery Bell Ornament Unearthed from 2024M8

2023M9 随葬陶器
Potteries Unearthed from 2023M9

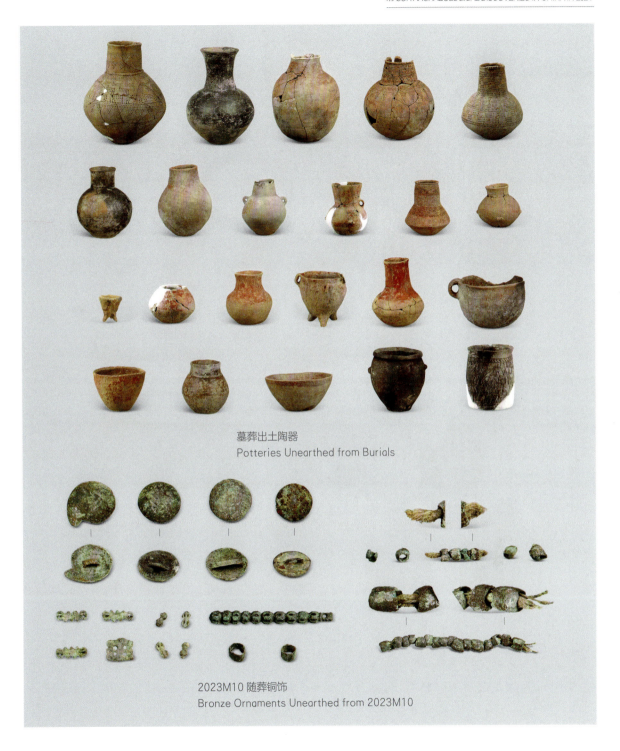

墓葬出土陶器
Potteries Unearthed from Burials

2023M10 随葬铜饰
Bronze Ornaments Unearthed from 2023M10

其次，根据本次发掘揭露墓葬的埋藏方式及出土器物特征的不同，可初步将墓葬分为两组。两组之间的差异，一方面可能反映了不同亲族团体、不同血缘关系间的差异，这需要后续根据墓地的整体布局进行印证；另一方面也可能反映了早晚文化面貌间的差异，这亦有待于日后进一步的研究工作。

东山头遗址的发掘，为在既有松嫩平原汉代以前考古学文化年代框架与谱系结构基础上填补现有白金宝文化和汉书二期文化两种遗存之间的缺环提供了新的考古资料。

（供稿：石晓轩　王晓明　张迪　王杰）

93

2023M11 部分随葬器物
Partial Burial Goods Unearthed from 2023M11

2023M10 部分随葬器物
Partial Burial Goods Unearthed from 2023M10

The Dongshantou Site is located in Yueliangpao Town, Da'an City, Jilin Province. From 2023 to 2024, the Jilin Institute of Cultural Relics and Archaeology and others conducted rescue excavations at the site, uncovering a total area of 1,500 square meters. A total of 75 Bronze Age remains were revealed, including house foundations, burials, ash pits and storage pits, among others. Nearly 1,800 artifacts were unearthed, including potteries, jade and stone objects, bronze objects, gold object, bone tools, and shell artifacts. According to the cultural features of the excavated artifacts, the site can be preliminarily categorized into two phases of remains before and after: the Baijinbao Culture and the Hanshu II Culture. The Baijinbao Culture remains were primarily found in house foundations, ash pits, and storage pits, while the Hanshu II Culture remains were mainly discovered in burials. This excavation has provided new archaeological materials to fill the gap between the existing remains of Baijinbao Culture and Hanshu II Culture.

湖北黄陂盘龙城遗址
杨家湾地点发掘收获

EXCAVATION RESULTS OF THE YANGJIAWAN LOCALITY OF THE PANLONGCHENG SITE, HUANGPI, HUBEI

盘龙城遗址位于湖北省武汉市西北郊，地处长江支流府河北岸。自 1954 年发现以来，盘龙城遗址进行了长期、系统的考古工作，陆续发现有城垣、宫殿基址、李家嘴贵族墓葬等遗迹，出土了大量青铜器、玉器、陶器等珍贵遗物，展现出了极高的社会等级，是夏商时期中原文化向南扩张过程中的中心聚落。

2013 年至今，由武汉大学历史学院牵头，盘龙城遗址考古工作聚焦城市聚落性质，重点围绕景观与环境、手工业生产、聚落布局等问题展开，并于王家嘴、小嘴、杨家湾、小王家嘴等地点进行了多年度的考古发掘。其中，围绕城市聚落布局，通过多地点的考古发掘和对过往资料的梳理，揭示出盘龙城城市聚落中心区存在从南部的临河地区到北部岗地的变迁过程——早期以王家嘴地点为中心，其后出现城垣与宫殿、李家嘴贵族墓葬、小嘴铸铜作坊区以及外围的一般性聚落，最

晚阶段以北部杨家湾地点为中心。2011～2013 年，盘龙城遗址考古队曾在杨家湾南坡发现大型建筑基址、贵族墓葬，并在周边发现疑似大型灰沟环绕。这批遗存的年代集中于二里岗上层第二期至洹北期，属于盘龙城城市聚落的最晚阶段，明确了这一区域为盘龙城城市聚落晚期中心。

2014～2015 年，在杨家湾北坡的勘探过程中发现了大范围分布的石头堆积，东西长约 600、南北最宽处逾 100 米。2015～2016 年，在杨家湾北坡西部试掘 3 条探沟，揭露出疑似条带状的石块和黄土堆积。2019～2020 年，在杨家湾北坡东部区域展开考古勘探和发掘，发现一类人工铺石遗迹，根据层位关系和相关堆积内出土陶器类型判断，其年代属于盘龙城遗址最晚阶段。

2023～2024 年，为进一步认识盘龙城晚期聚落核心区域，即杨家湾地点的聚落布局，揭示杨家湾北坡石砌遗迹的结构和功能，盘龙城联合考

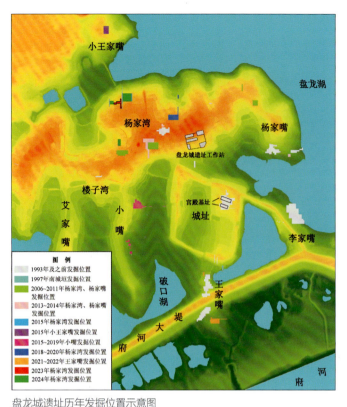

盘龙城遗址历年发掘位置示意图
Diagram of Excavation Areas of Panlongcheng Site over the Years

古队在 2015 ~ 2016 年布设的探沟之间布方发掘，揭露出一段呈东西向长条状分布的石砌遗迹，整体长约 81、最宽处约 6 米，垂直方向为北偏西约 20°，基本呈直线分布。石砌遗迹修砌规整，东、西可见由较小的石块整齐排列为东西向平行的两道，宽约 2 米；同时，每隔约 5 米可见石块向南与主体结构垂直修砌一段，保存较好处长约 4 米。平行两道石块中间部分可见填有陶缸片、红黄土及散落的石块。该区域的部分石块底部也可见陶缸碎片，似用以加固。而在中部位置则分布有 8 个边长 60 ~ 100 厘米的大型石块，均匀间隔约 1.2 米。另在周边发现有大范围散落的石块，表明石砌遗迹在聚落废弃之后被破坏严重。

石砌遗迹的南北两侧还分布有大面积、密集的陶片堆积，厚约 0.1 米，以陶缸片为主。此段石砌遗迹中部的南侧

杨家湾北坡大规模石砌遗迹
（上为北）
Large-scale Stone-built
Remain on the Northern
Slope of Yangjiawan Locality
(north at the top)

还发现有单一陶缸的器物坑，陶缸整齐、完整地置于坑内，另有 6 个陶缸可见完整地倒扣在石砌遗迹之上。结合以往勘探和解剖沟发掘情况可知，杨家湾北坡的石砌遗迹基本沿岗地地势走向，呈东西近合围的态势分布，表现为杨家湾北部区域一处大型石构建筑遗存。

此外，以往勘探结果表明，杨家湾南坡贵族居—葬区与北坡石砌遗迹之间为条带状分布的文

石砌遗迹西部（上为北）
Western Stone-built Remain (north at the top)

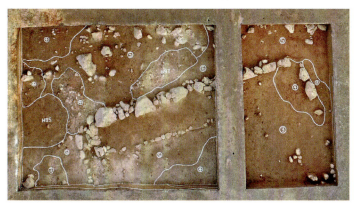

石砌遗迹东部（上为北）
Eastern Stone-built Remain (north at the top)

石砌遗迹局部（上为北）
Partial View of the Stone-built Remain
(north at the top)

石砌遗迹局部及石块下所见陶缸片
Partial View of the Stone-built Remain and Pottery Urn Fragments
Beneath the Remain

石砌遗迹中部所见的大型石块
Large Stone Block in the Centre of the
Stone-built Remain

石砌遗迹南侧所见陶缸器物坑（H79）
Pottery Urn Pit (H79) on the Southern Side of the Stone-built Remain

化堆积。2024年，对南坡大型建筑基址（F4）西北约100米的区域进行了小规模试掘，发现有大型灰沟和灰坑类遗迹，其中H84揭露部分南北长逾13、深逾2米。根据陶片类型推断，这些灰坑内堆积的年代应同样属于盘龙城城市聚落的最晚阶段。鉴于上述遗迹的分布和走向，这些大型灰坑和灰沟可能作为南坡贵族居—葬区和北坡石砌遗迹之间的分界。

根据地层关系和石砌遗迹周边陶片堆积所见陶

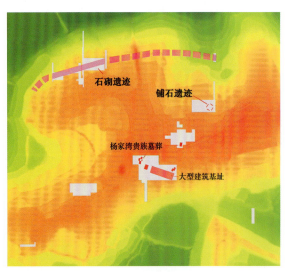

杨家湾地点南坡大型建筑、贵族墓葬与北坡石砌遗迹之间的位置关系
Spatial Relationship Between the Large-scale Building and Elite Burials on the Southern Slope of Yangjiawan Locality and the Stone-built Remain on the Northern Slope

器类型观察，石砌遗迹的年代与杨家湾南坡的大型建筑基址、贵族墓葬相当，都属于盘龙城城市聚落的最晚阶段，大体对应二里岗上层第二期至洹北花园庄阶段。上述石砌遗迹的石块均为本地的石英砂岩，但其整体规模庞大、结构复杂，显然并非普通居民日常活动建设，而属于高强度的工程活动，反映出背后使用者较高的社会等级。因此，在盘龙城城市聚落晚期，杨家湾地点南坡可见为由大型建筑基址、贵族墓葬组成的贵族居—葬区，而北坡边缘地区则分布为大型的石构建筑，两者应共同构成了盘龙城晚期城市聚落的中心区域。

杨家湾地点聚落布局的揭示，突破了以往对盘龙城商代城市以城址、李家嘴贵族墓葬为核心的认识。而盘龙城遗址杨家湾北坡的石砌遗迹，是长江流域首次发现的夏商时期石砌建筑遗存，其较高的规格也进一步表明盘龙城遗址在长江中游夏商时期聚落中处于中心城市地位。石砌遗迹与一般常见的居址、手工业生产遗存有所不同，并在杨家湾北坡广泛分布，可能具有公共性或防御性的功能。而围绕杨家湾地点的大型建筑基址、贵族墓葬和石砌遗迹处于整个盘龙城城市聚落的晚期阶段，此时聚落中心区域的布局已与早期阶段围绕城址、宫殿建筑和贵族墓葬的结构有了较大差异。上述线索或从一个侧面进一步展现出到二里岗上层偏晚阶段，中原王朝向南的经略可能出现了一个转变过程。

（供稿：孙卓　徐子博）

石砌遗迹附近密集的陶片堆积（上为北）
Dense Pottery Sherd Accumulations Near the Stone-built Remain (north at the top)

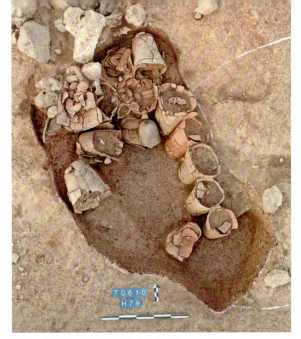

陶缸器物坑（H79）及其内出土的陶缸
Pottery Urn Pit (H79) and the Pottery Urns Unearthed Within It

石砌遗迹上所见倒置的陶缸
Inverted Pottery Urns on the Stone-built Remain

The Panlongcheng Site is located in the northwestern suburbs of Wuhan City, Hubei Province, and served as a central settlement during the southward expansion of the cultures from Central Plain during the Xia and Shang periods. From 2023 to 2024, archaeological work at the Panlongcheng Site focused on the northern slope of the Yangjiawan, where large-scale stone-built remain was uncovered for the first time. It extends over 80 meters in length and is surrounded by densely distributed pottery sherd accumulations, complete pottery urns, and artifact pits. This large-scale stone-built structure is the first of its kind discovered at the Panlongcheng Site and likely served a public or defensive function, representing a significant stone architectural remain. Based on stratigraphic relationships and the types of pottery unearthed from related deposits, the stone-built remain on the northern slope of Yangjiawan dates to the latest phase of the Panlongcheng Site. Together with the elite residential and burial area on the southern slope, they form the central area of the Yangjiawan settlement, reflecting new urban planning and structural changes in the late phase of the Panlongcheng city settlement.

陕西宝鸡
周原遗址

ZHOUYUAN SITE IN BAOJI, SHAANXI

王家嘴一号建筑（上为北）
No.1 Building of Wangjiazui（north at the top）

周原遗址位于陕西省宝鸡市扶风县和岐山县交界处。为揭示周原遗址商周时期聚落结构，进而探讨西周国家形态，周原考古队近年把探索城垣结构、道路网络、池渠水系、建筑群落作为田野考古的"金钥匙"与"总开关"。通过"大范围追踪性钻探"与"重点部位针对性发掘"，终于确认了西周时期宫城、小城、大城三重城垣以及先周、西周与战国时期大型夯土建筑群，实现了聚落考古的重大突破。现将重要发掘收获介绍如下。

第一，在王家嘴区域钻探发现了一片先周文化大型夯土建筑带，南北长逾150米，并完整揭露了大型建筑2座，可确认周原遗址是先周都邑。

王家嘴一号建筑由门塾、东西厢房、前堂、后室、前后庭院构成。庭院内多处保存踩踏面，台基仅余夯土基础部分，柱网结构基本完整。建筑南北总长68、东西宽34～37米，占地面积逾2500平方米，是目前所见规模最大、最完整的先周文化大型夯土建筑，为确证周原为先周都邑所在提供了关键证据。

文献记载周原在战国时期为美阳，但以往美阳地望无法确认。近年在周原发现超过30万平方米的战国时期遗址。已发掘的王家嘴二号建筑年代为战国晚期，南北长30、东西宽41米，面积1200平方米，初步判断为干栏式大型粮仓。在礼村南还发掘了3座面积较大的战国晚期房址。这些规模较大的建筑应属官方建筑。此外，已探明刘家墓地有上千座战国墓，墓地多次出土"美亭""美阳"

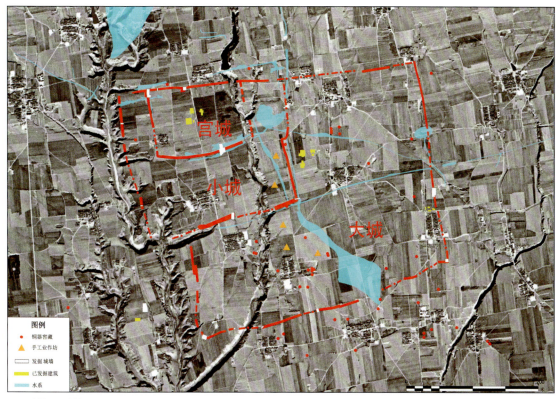

周原遗址三重城垣
Three-layered Wall at Zhouyuan Site

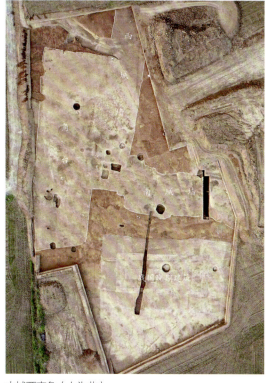

宫城西北角（上为北）
Northwestern Corner of the Palace City（north at the top）

大城西南角（上为北）
Southwestern Corner of the Large City（north at the top）

大城东南门及城内建筑（上为北）
Southeastern Gate of the Large City and Internal Buildings（north at the top）

宫城南墙与壕沟（东—西）
Southern Wall and Moat of the Palace City (E-W)

陶文。上述这些信息皆指示王家嘴至刘家一带应是战国美阳。考古发现与文献记载若合符节，进一步确证了周原遗址乃古公亶父迁岐之地。

第二，发现了建造于不同时期的三重西周城垣，初步揭示了周原聚落的城垣结构，大致厘清了周原都邑的空间布局，将以往零散的大型建筑、铜器窖藏、墓葬等纳入了不同层次的城市空间。

在以往长期探索的基础上，通过调查、钻探、发掘，确认了周原遗址存在宫城、小城与大城三重西周城垣。通过在城垣上 16 个地点的发掘，可判断小城和宫城均始建于商周之际，延续使用至西周灭亡。大城建于西周晚期，三重城垣在西周晚期时共存。

小城位于遗址西北部，东西长约 1480、南北宽约 1065 米，方向 352°，面积约 175 万平方米。以往发现的西周早期城址中未有规模如此之大者。

宫城位于小城北部正中，与小城共用北墙，东西长约 800、南北宽约 600 米，面积约 50 万平方米。如此规模的宫城在三代宫城中屈指可数。钻探发现宫城内遍布夯土建筑，多条道路纵横交错。宫城南墙保存较好，墙基宽约 14 米，由六版夯土组成，夯土保存厚 1.2 米。墙外壕沟宽 23.6、深 3.5 米。宫城西北角北墙宽 7.5、西墙宽 10 米，夯土基槽深 1.2 米，夯层厚 8～10 厘米，夯窝明显。西墙之外有一条南北向道路，路面分 3 层，下两层分别铺大石块和密集的小鹅卵石块，其上车辙清晰可见。西墙边缘有一组南北向陶排水管，现存 7 节，总长 6.8 米。

大城位于小城东南，涵盖了周原遗址的核心部分，形状规整，东西长约 2700、南北宽约 1800 米，方向 352°，面积约 520 万平方米。大城是目前所知西周时期规模最大的城址。大城西南角南墙墙基宽 10.4、西墙墙基宽 9.5 米。城墙基槽为船底形，内填夯土十分坚实。西墙外连接一座夯土角台，南北长 46.8、东西宽 16.1 米，与西墙同时建造。这是中原地区三代城市中已知最早的城墙角台。

三重城垣的发现，丰富了对西周城墙结构形制与建筑工艺的认识，厘清了周原西周城市结构和发展过程。城址规模之大，充分彰显了周原遗址的都邑地位。三重城垣的形态有别于夏商都邑，开启了东周都邑形态的先河。

第三，完整揭露了大城东南门和宫城南东门，填补了以往西周城门发现的空白，丰富了对中国古代城门形制结构的认识。

大城东南门位于大城东墙南三分之一处，由城台、外瓮城、南北门道、门塾、内瓮城、门内道路和建筑群等部分构成。墙基向东凸出，加宽为城台，长 94.6、宽 10.5～13 米，东南、东北角都有向外加厚的墩台。城台基址设南、北两处门道。北门道保存较好，宽 5.3 米，其北发现

大城东南门北门道出土铜器残片
Bronze Fragment Unearthed from the Northern Gateway of the Southeastern Gate of the Large City

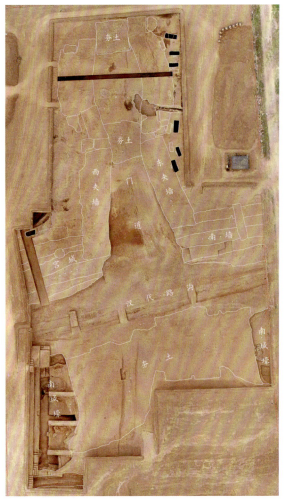

宫城南东门（上为北）
Southeastern Gate of the Palace City（north at the top）

6 个排列规则的磉墩，应为门塾建筑遗存。门道内有红烧土倒塌堆积，其下叠压原始路面，路面表面尚存西周晚期大型铜器残片。内、外瓮城中部各发现马坑 1 座，外瓮城坑内埋马 4 匹。南、北两门道的两条道路在入城后合为一条，先与南北向顺城道路相交，再继续向西延伸，已钻探长 210、宽 30 ～ 40 米。

城内道路南北两侧分别有建筑院落，两组建筑间相距 24 米。南组建筑共 4 座，呈四合院式分布。F1 长 12.8、宽 11.2 米，四周有较完整的卵石散水。F2 长 20.3、宽 12.6 米。两座建筑台基外包夯土，形制规整，建造考究，应属官方建筑。北组建筑已发掘 2 座，可能亦为四合院式院落。以往在国内发现的较为完整且保存较好的西周建筑院落为数甚少，这两组院落是研究西周建筑及其礼制的珍贵资料。

宫城南东门位于宫城南墙偏东，门道呈亚腰形，两侧有宽 6.5 米的夯土夹墙，总进深约 55、宽 6 ～ 10 米。门道中段最窄处和门道北端各有一块包含大量石块的夯土，判断为两道城门的地基。门道中段东侧设有一条东西向的石砌排水道。门道南部路面倾斜，表面铺石子，存有多道车辙。正对门道的南城壕原相连通，但使用不久即用夯土填堵，形成通道。夯土东西宽 42、厚 3.6 米，其上或还有城门建筑，因被汉代路沟破坏，已不可确知。

宫城南东门石砌排水道（西—东）
Stone Drainage Channel at the Southeastern Gate of the Palace City (W–E)

宫城南东门门道（南—北）
Gateway of the Southeastern Gate of the Palace City (S–N)

宫城南东门夯土与壕沟叠压关系（南—北）
Overlapping Relationship Between Rammed Earth and
Moat at the Southeastern Gate of the Palace City (S–N)

宫城南东门壕沟内人骨与动物骨骼（东—西）
Human and Animal Bones in the Moat at the Southeastern
Gate of the Palace City (E–W)

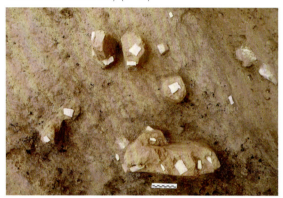

甲骨出土情况（南—北）
Oracle Bones Unearthed (S–N)

城门西侧壕沟的上层发现大量人和动物骨骼，或散乱分布，或集中放置。人的个体数在40～100之间，从婴幼儿到老年各年龄段均可见。动物骨骼有马、牛、羊、猪、狗等，以马数量最多。

大城东南门规模宏大，宫城南东门多重结构开启了后世传统，这两座城门的发掘进一步加深了对周原城市形态和西周城市发展水平的认识，为我国城市发展史提供了不可或缺的研究资料。

第四，发现了一批西周甲骨，在甲骨形制、年代、刻辞内容等方面多有新见，是西周甲骨文的一次重大收获。

宫城南东门外壕沟内出土甲骨残片204片，初步辨识出刻辞180余字。这是继周原周公庙遗址之后，发现西周甲骨文字数量最多的一批。

出土甲骨以龟背甲为主，如此大宗的背甲集中出土，在西周甲骨发现中尚属首次。甲骨刻辞内容丰富，涉及天文历法、历史地理、军事战争、数字卦等多个方面。例如，发现月相名"胐"，这是在出土文献中的首次发现，证实了传世文献

记载的可信性，对研究早期月相与历日、复原西周年代等有极高价值。又如，发现了多个国族名、人名等，可与金文和传世文献相互参照——首次在甲骨文中发现"秦人"刻辞，是迄今对秦的最早记载；地名"蜀""丰"，曾见于周原凤雏甲骨；刻辞"塑于霍"，是目前所见有关西周霍地的最早记载。此外，还发现了西周时期的王卜辞，如刻辞有"王呼并召……""壬子王其兽（狩）……""我呼侯……"等，其中王呼令诸侯的卜辞是反映西周天子与诸侯关系的珍贵记载，而周王狩猎的卜辞则涉及了当时多种田猎方式。

甲骨表面人工处理痕迹多样。例如，在一片龟腹甲的中缝两侧有三组成对的钻孔，应系加固断裂的卜甲之用；在有些刻辞的字口内发现有涂朱的痕迹；在背甲、甲桥等部位的边缘多见锯切痕迹。

总之，这批新出甲骨的内容丰富，价值重大，为研究西周甲骨与西周历史提供了罕见的出土文献资料。

（供稿：种建荣　杨磊　曹大志　宋江宁）

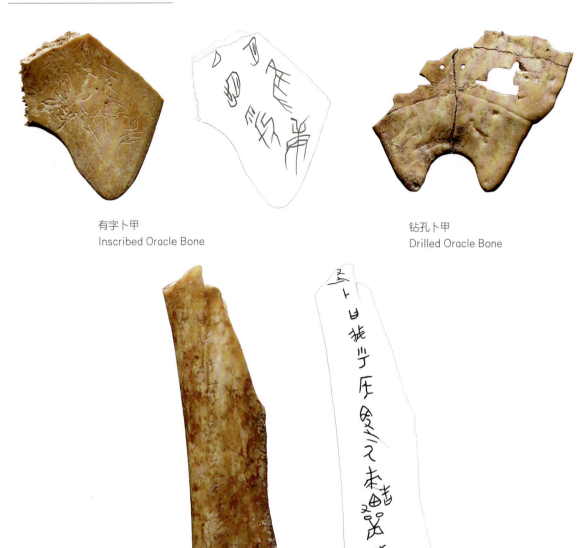

有字卜甲
Inscribed Oracle Bone

钻孔卜甲
Drilled Oracle Bone

有字卜骨
Inscribed Oracle Bone

To reveal the settlement structure of the Zhouyuan Site during the Shang and Zhou periods and explore the state formation of the Western Zhou, the Zhouyuan Archaeological Team has achieved significant results through recent archaeological work. First, they uncovered No. 1 Building of Wangjiazui, covering a total area of over 2,500 square meters. This is the largest and most complete large rammed-earth building of the pre-Zhou culture discovered to date, providing critical evidence for confirming Zhouyuan as the capital of the pre-Zhou period. Second, they discovered three-layered walls belong to Western Zhou constructed during different periods, preliminarily revealing the wall structure of the Zhouyuan settlement and clarifying the spatial layout of the Zhouyuan capital. Third, they fully exposed the southeastern gate of the large city and the southeastern gate of the palace city, filling a gap in the discovery of Western Zhou city gates and enriching our understanding of the form and structure of ancient Chinese city gates. Fourth, they discovered a group of Western Zhou oracle bones, with new insights into their form, dating, and inscriptions, marking a major breakthrough in the study of Western Zhou oracle bone script.

河南洛阳七里河
东周手工业作坊遗址

QILIHE EASTERN ZHOU HANDICRAFT WORKSHOP SITE IN LUOYANG, HENAN

七里河东周手工业作坊遗址位于河南省洛阳市涧西区黄河路以东、大明渠以南、涧河街以西，地处洛阳东周王城遗址内的中部偏西，西距东周王城西城墙约100米。为配合项目建设，2023年12月起，洛阳市考古研究院对该遗址进行了发掘，累计发掘面积6400平方米。初步推断其应为一处东周时期的手工业作坊遗址，为探讨洛阳东周王城的手工业布局及东周时期的相关冶铸技术等提供了重要资料。

根据地层情况和出土遗物特征，该遗址堆积大致可分为三段：第一段为春秋至战国中期，发现了9座墓葬以及叠压于建筑下的少量灰坑；第二段为战国中晚期，发现大型建筑基址、房址、烧窑、灰坑（沟）等；第三段为汉代，发现灰坑（沟）、灶、井等。第二段为本次发掘的主要收获。

大型建筑基址分为南、北两组，均为南北向

纵长方形，两组建筑基址之间有一条东西向通道。北组建筑基址南北长约32.8、东西宽约30米，布局尚不明晰。南组建筑基址南部和西部超出项目用地范围，现揭露夯土墙南北长94、东西宽52.7米，北墙宽2～2.7、东墙宽约3、西墙宽1.3米。基址内部有3条东西向隔墙将建筑分割为4个空间，中隔墙跨过西墙向西延伸出项目用地范围。每个空间各自形成独立"院落"，其内有夯土地坪、灶、烧窑、房址等。隔墙宽度不一，北隔墙宽2.5、中隔墙宽1.3、南隔墙宽1.1米。现已揭露的夯土墙均为基槽部分，残厚0.2～0.4米。部分区域因建造时地面坑洼不平，存在先将低洼处夯打至同一高度后再整体建设的情况。夯土可见明显夯层，夯层厚0.1～0.12米。北院中部有一面积约200平方米的夯土地坪，其东侧为一半地穴房址（F3）。北侧第三进院中部发现一长约19、宽约14米的夯

土地坪。该组建筑经过前期规划，以隔墙将建筑划分出大小不一的院落，可能存在不同的功能分区。

　　房址共4座，均为半地穴式，F3位于南组建筑基址内，F1和F4位于南组建筑基址外东侧，F2位于南组建筑基址外西南角。F1室内东西长13.7、南北宽4.5米，底部较为平整，可见踩踏痕迹，出入口位于房址的南墙西端。房屋四壁皆为夯土墙体，其内有柱洞，墙体厚约0.8、残高0.8～0.9米。房址内地面靠近南墙区域有6个结构相似、东西一字排列的凹坑，凹坑内均有轻微火烤形成的烧结面，凹坑位置对应南墙的柱洞之间，应为有意布局。F2呈纵长方形，室内南北长10.7、东西宽3.85米。四面夯土墙的厚度不一，南墙厚0.5、北墙厚0.9～1.2、东墙厚1.15～1.25、西墙厚1.18～1.4米，残高

1.06～1.4米。出入口位于东墙中部，宽3.45米，有3组对称的柱洞，柱洞底部为扁平的卵石。室内地面平整，部分区域经过火烤。房址东西墙有壁柱，部分壁柱的内壁经过烘烤，柱洞下部铺垫有板瓦残片。F3平面近方形，室内边长8.1～8.2米，夯土墙厚0.65～0.9、残高1.25～1.5米。出入口位于南墙西端，未见柱洞痕迹。F4结构与F3相近，室内边长7.1～7.2米，夯土墙厚约1.5、残高1.8米。室内地面西北区域分布有一处用火遗迹，其周边有8个圆角长方形凹坑。

　　烧窑共5座。Y3窑室近圆形，直径2.7～3.2米，北侧顶部有一排烟口，操作间位于窑室南部，中间低洼，两侧为平台，出入口位于操作间的东南部。操作间东南部有10余组竖直摆放的陶管，

将入口处封堵。从进出通道清理情况可知，专门放置陶管的沟槽打破上下操作间的台阶，推断陶管为烧窑废弃或使用一段时间后封堵的。窑室及操作间内出土了丰富的陶量残片及绳纹拍、支垫、口沿、板瓦残块等。部分陶量的口沿、内壁、内底戳印篆体"公"字。陶量有三种规格，大者口部内径 19、内高 14 厘米，中者口部内径 15、内高 11 厘米，小者口部内径 13、内高 7.8 厘米。陶量为直壁筒状，部分陶量器壁表面有一方底尖顶凸起。Y4 位于 Y3 南部，窑室呈圆形，直径 1.4 米，近底部有 7 个烟道，窑室南部为火膛，与操作间相连。窑室内仅出土少量烧制火候低的碎陶片，从结构分析，该窑为升焰窑。Y5 位于南组建筑基址的北侧第二进院内，由操作坑、火门、灶台、烟道四部分组成。操作坑口部近椭圆形，斜壁内收，口部南北长约 1.9、东西宽约 1.6 米，底部平面有踩踏痕迹。火门位于操作坑南端，内壁见烧结面，平顶，宽约 0.5、高约 0.2、进深 0.4 米。灶台为双灶台，南北排列，口部近两个相切的圆形，北灶台口部直径约 0.7、南灶台口部直径约 0.4 米。烟道位于灶台南侧，口部呈长方形，直壁。

遗址内清理了一批灰坑（沟），其中 G8 位于

F2
House Foundation F2

F4
House Foundation F4

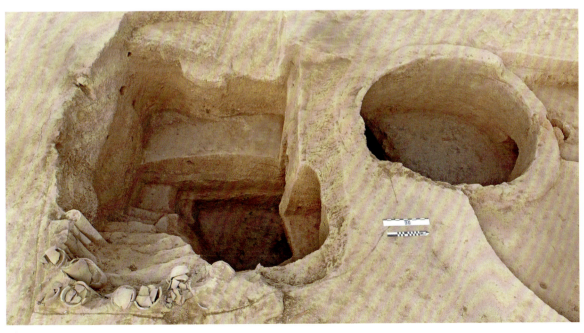

Y3
Kiln Y3

G8 堆积剖面
Section of the Deposition of Ash Ditch G8

夯土建筑剖面
Section of rammed-earth Architecture

南组建筑基址西墙外中部，东侧紧邻西墙，呈长条形，南北长 32.3、东西宽 2.2～3.15 米，底部不平整。沟内出土了较多的陶范、陶范芯、坩埚残件、窑炉壁残块、制陶工具、陶器残片等，初步判断陶范为浇铸铜容器、铜车马器、铁质工具等而制。在临近 Y3、Y4 的区域发现多处灰坑（沟），其中 G6、G9、H63、H76 等内出土有较多的陶钱范、红烧土块及筒（板）瓦残块。陶钱范所铸钱币为圆首、圆肩、圆足布，部分范阴刻"蔺"字。另有部分灰坑填土较纯净，可能为澄泥而用，推测建筑的西墙外区域为重要的手工业操作区。

此次发现的建筑基址，尤其是四周夯土墙围合的南北至少四进院落式的南组建筑基址，与瞿家屯东周宫殿建筑类似，可能为东周王城内的官式建筑，应为作坊管理机构所在地。遗址西南角发现的一组遗迹中 Y3、Y4、F2 保存较好，出土了丰富的"公"字陶量和瓦当、瓦钉陶模，应是官营制陶作坊遗存，填补了东周王城遗址考古发现的空白。建筑西侧及西南角灰坑（沟）出土了丰富的铸铜、铸铁陶范和熔炉残块，其中的铜车马器、容器、兵器，铁锛、镰、锄板工具，以及赵国"蔺"字圆足布等陶范，是东周铸铜、铸铁手工业的重要发现。

出土的大量陶钱范、带有"公"字戳印的陶量体现出浓厚的官营色彩，表明这里的手工业遗存属高等级人群直接控制的官营作坊。同时兼有铸铜、铸铁遗存的现象为进一步探讨铜器时代向铁器时代过渡过程中的技术传承、借鉴与交流，理解铁器时代的到来对青铜生产的冲击，及两种金属社会角色的演变提供了不可多得的珍贵材料。

遗址所在区域位于东周王城遗址西部，毗邻宫城，各类遗存分布规律，显然是有意规划所致。此次发现为研究东周高等级聚落中的手工业生产布局、发展水平及生产管理模式以及王城内的功能分区提供了资料，具有重要的考古价值。

（供稿：邓新波　马占山　吴业恒）

云纹瓦当
Cloud-patterned Eave Tile

变形云纹瓦当
Deformed Cloud-patterned Eave Tile

陶瓦当范
Pottery Mold for Eave Tile

陶瓦钉范
Pottery Mold for Tile Nail

陶范
Pottery Mold

陶范
Pottery Mold

陶范
Pottery Mold

陶内范
Pottery Inner Molds

陶支钉
Pottery Support Nails

陶铺首内范
Pottery Inner Mold for a Door Knocker

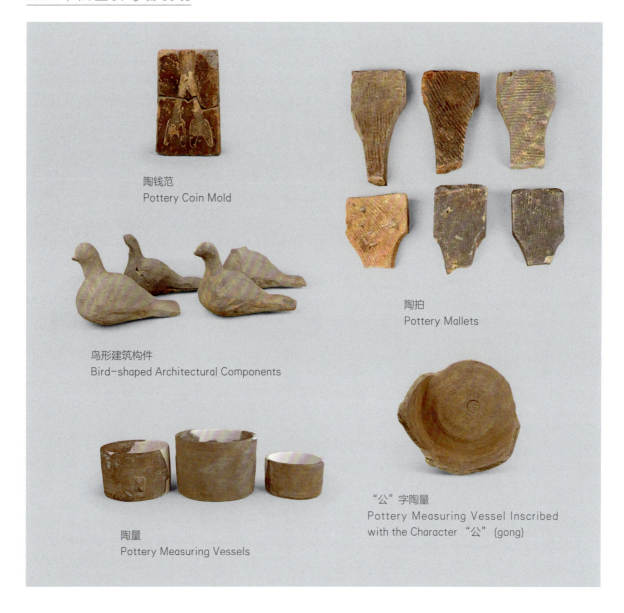

陶钱范
Pottery Coin Mold

陶拍
Pottery Mallets

鸟形建筑构件
Bird-shaped Architectural Components

陶量
Pottery Measuring Vessels

"公"字陶量
Pottery Measuring Vessel Inscribed
with the Character "公" (gong)

The Qilihe Eastern Zhou Handicraft Workshop Site is located in Jianxi District, Luoyang City, Henan Province, in the central-western part of the Eastern Zhou Royal City Site. Since December 2023, the Luoyang City Cultural Relics and Archaeology Research Institute has conducted excavations at the site, uncovering a total area of 6,400 square meters. The mid-to-late Warring States period remains discovered in 2024 are particularly rich. Among them, the southern group of building foundations features a four-courtyard layout enclosed by rammed-earth walls, likely an official building within the Eastern Zhou Royal City, possibly serving as the management center for the workshop. Ash pits (and ditches) yielded a large number of pottery molds and furnace fragments, representing significant discoveries for the study of bronze and iron casting industries during the Eastern Zhou period. These findings provide important materials for researching the layout, development level, and management models of handicraft production in high-level Eastern Zhou settlements, as well as the functional zoning within the royal city.

山东青岛
琅琊台遗址

LANGYATAI SITE IN QINGDAO, SHANDONG

琅琊台遗址位于山东省青岛市黄岛区南部，三面临海，海拔 183.4 米。文献记载，"琅琊"与齐地八神"四时主"祭祀及秦皇、汉武东巡等有关，秦始皇曾三巡琅琊并"作琅邪台，立石刻，颂秦德，明得意"。1973 年以来，遗址经多次调查、勘探及抢救性清理工作，2013 年被公布为全国重点文物保护单位，保护范围总面积约 3.8 平方千米。

2019～2024 年，为配合遗址保护规划编制，经国家文物局批准，山东省文物考古研究院与青岛市文物保护考古研究所组成联合考古队，对遗址进行了主动性考古发掘，发现了以大型高台建筑基址为核心的山顶建筑群、依海而建的大型夯土平台，以及位于山下不同区域的窑址区和两处建筑群等遗迹。

大型高台建筑基址位于遗址中心山顶，平面近 T 形，总面积约 45000 平方米。基址是在经修整的山体基岩之上夯筑而成，土质坚硬，夯面平整，夯层均匀，每层厚约 0.08 米。最高层台基东西长约 61、南北宽约 39 米，其西侧发现一级较低台面，东侧存在三级台面，推测当时整体呈现层级错落的繁复外观。两侧台面上发现三期建筑遗存，其中第一期建筑年代为秦代，第二、三期遗迹性质多为修补改建，年代不晚于汉代。

基址东、西两侧各有一组秦代建筑遗迹，主要有附属房间、排水设施、登台踏步、院落门址及石、瓦铺的道路等。附属房间皆由台基壁面和夯土墙围合而成，发现门道、门柱柱础和柱洞等。门外有道路或走廊，室内有壁柱柱础，壁面局部残存有壁砖，地面大部分为夯土，局部铺素面方砖或碎瓦片。室内均发现有排水口，基址西侧房间内发现长方形石砌地漏，其下部与排水设施连通。排水设施分为地下管道和地上明沟两种形式。

遗址主要遗存分布图
Distribution Map of Major Remains of the Site

山顶建筑基址西侧发掘区正射影像（上为东）
Orthophotograph of the Western Excavation Area of the Mountaintop Building Foundation (east at the top)

地下管道发现单列、双列和三列并排等几种形式，均由陶管套接而成。陶管在夯筑过程中预埋，其外包裹一层纯净黏土，起到防渗和加固的作用。管道出、入水口附近均发现镂孔砖，应起到过滤、防堵的作用。地上明沟与地下管道相接，分为土沟和立瓦铺装两种。

基址西侧建筑南端发现由空心砖砌筑而成的登台踏步，部分踏步砖面饰有凸线龙纹。基址东侧建筑东北部发现门址一处，为院落的东门。门址南、北与夯土墙相连，门道两侧对称分布四块

石础，推测门侧有柱、上有屋架瓦顶。门道西侧为立瓦铺装的斜坡状散水，东侧为同样铺装的斜坡慢道，慢道与门外南北向瓦铺道路相连。石铺道路共发现两条，均为南北向，以规整的长方形石块铺砌而成。路面均为凹面，应有排水功能。基址东侧石铺路面西侧南北两端对称分布两条石铺慢道，应通向一处面东的大型建筑。

基址南侧南坡发现秦代道路，道路沿山脊一直向南，向西拐后又转向南，沿南侧小山平缓山坡分成两股延伸至山下。小山缓坡上分布多处夯

山顶建筑基址西侧石砌地漏（西—东）
Stone-built Drain in the West of the Mountaintop Building Foundation (W-E)

山顶建筑基址东侧门址及慢道、散水（西南—东北）
Eastern Gate Remain, Ramps and Drainage Passages of Mountaintop Building Foundation (SW-NE)

山顶建筑基址东侧石铺路面正射影像（上为北）
Orthophotograph of the Stone-paved Surface in the East of the Mountaintop Building Foundation (north at the top)

秦代建筑基址（西北—东南）
The Building Foundation of Qin Dynasty (NW-SE)

窑址区正射影像（上为北）
Orthophoto of the Kiln Site Area (north at the top)

秦代窑址 Y1（上为北）
Kiln Y1 of Qin Dynasty (north at the top)

土，夯层呈倾斜状，应与山顶建筑基址同期营建。

山顶建筑基址出土大量建筑构件，可分为两期。第一期为秦代，包括绳纹板瓦、筒瓦、夔纹大半圆瓦当、云纹圆瓦当和素面砖、龙纹空心砖等。此外还有大量石质建筑构件，发现的竹叶状灰岩质的石构件具有较好的装饰性，应是特意从外地运来此处。第二期为西汉时期，以瓦棱纹筒

战国建筑基址（上为北）
The Building Foundation
of Warring States (north
at the top)

院墙基槽

长 廊 建 筑 基 址

瓦、板瓦，"千秋万岁"文字圆瓦当和组合菱形、三角形纹砖为代表。

　　大型夯土平台位于遗址东部海边，西距山顶建筑群约1200米。平台依托自然山体夯筑而成，平面呈圆形，顶部平整，直径240余米。台基夯土结构与山顶建筑基址差异巨大，夯层不均匀，采用单棍夯，部分夯面保留明显圜底夯窝，呈现出较早的时代特征。此处出土遗物极少，说明平台上应没有大规模建筑。从高台的体量看，此处亦是官方营造的、有特定目的、有严密规划的大型工程，符合"高山之下、小山之上"的特点，可能与祭祀活动有关。

　　窑址区位于秦代道路南端，地势较平坦，西邻一条南北向冲沟。发掘区内共发现10座窑址，均为马蹄形半倒焰窑，操作间朝向冲沟。冲沟内发现一道东西向条形夯土遗迹，其北侧见多层淤土，性质应为堤坝，应是服务于窑址生产的蓄水设施。窑址区内出土大量建筑构件，包括板瓦、筒瓦、瓦当、砖与管道等，发现的夔纹大半圆形瓦当最大者复原直径约80厘米，是秦代高等级建筑的标准器。由此可确定这批陶窑是为秦代建筑生产建材的砖瓦窑。

　　窑址区东约350米处发现一处秦代建筑基址，坐落于背山面海、高亢开阔的山前阶地上。基址平面呈正方形，边长约120米，四面有夯土基槽。基址地面存在分级，每一级最外侧筑有夯土挡土墙，其内侧或填土及碎石，或为整平的生土。基址东北部发现建筑基坑一处，平面呈规则的南北向长方形，基坑内夯土结构与山顶建筑基址一致，其上原应有房屋建筑，外围大部分为垫土，应为室外场地。出土遗物多为建筑构件，包括板瓦、筒瓦和瓦当等，时代为秦代。该基址与山顶建筑群有道路相通，推测与山顶建筑群同期营建和使用，应承担重要功能。

　　遗址东南濒海台地上发现一处战国建筑群（小台），主要有长廊建筑基址和院墙基槽等。长廊建筑基址南北两侧沟内发现筒瓦、板瓦相扣的倒塌堆积，推测其上原有两面坡瓦顶的长廊建筑。基址东侧发现长方形基槽一处，为一处院落墙基。出土遗物主要为绳纹板瓦、筒瓦，半圆形素面瓦当和陶豆等，年代为战国时期，具有齐国特征。此建筑群是遗址内的早期大型工程，可能与齐国经营琅琊有关。

　　通过持续发掘，确认了位于遗址核心的山顶夯土基址是"秦修汉葺"的高台建筑，规模宏大且规划严整、设计精妙。出土夔纹大半圆形瓦当、龙纹空心砖等高等级遗物，佐以早年间发现的秦琅琊刻石，可证实此处为秦始皇二十八年"徙黔首三万户"所筑之"琅邪台"，是最早的统一秦帝国国家工程之一，填补了秦汉时期关中以外高

秦代云纹瓦当（山顶建筑基址出土）
Eave Tile with Cloud Pattern (Qin Dynasty, unearthed from the mountaintop building foundation)

西汉"千秋万岁"文字瓦当（山顶建筑基址出土）
Tile Inscribed with Characters "Qian Qiu Wan Sui" (Western Han, unearthed from the mountaintop building foundation)

秦代夔纹瓦当（窑址区出土）
Eave Tile with *Kui*-dragon Pattern (Qin Dynasty, unearthed from the kiln site area)

秦代镂孔砖（山顶建筑基址出土）
Hollow Brick(Qin Dynasty, unearthed from the mountaintop building foundation)

三角形脊饰（山顶建筑基址出土）
Triangular Ridge Ornament (unearthed from the mountaintop building foundation)

秦代石构件（山顶建筑基址出土）
Stone Component(Qin Dynasty, unearthed from the mountaintop building foundation)

龙纹踏步空心砖（山顶建筑基址出土）
Hollow Brick with DragonPattern(unearthed from the mountaintop building foundation)

秦代大型夔纹构件（窑址区出土）
Large Component with *Kui*-dragon Pattern (Qin Dynasty, unearthed from kiln site area)

台建筑考古的空白。遗址内不同遗迹分布区之间存在时间和空间上的密切关系，共同构成一处延续时间较长的高等级建筑群落，为战国秦汉时期高等级建筑发展演变研究提供了全新的材料。

大量时代明确、具有标准器意义的建筑材料的发现，为山东乃至全国秦汉建筑及相关遗存的进一步分期与研究提供了参考。来自秦汉王朝统治中心、体现帝国中央政治制度、生产工艺和文化风格的遗存在东方滨海地区被发现，是多元文化融合、统一多民族国家形成历史进程的重要见证。作为秦皇、汉武东巡的重要地点，琅琊台遗址是秦汉时期"东抚东土"、宣示帝国疆域统一和统治威权的象征，考古新发现充分体现了统一封建王朝"六合之内"疆域观念的巩固和对于东方海疆的重视。同时，琅琊台遗址也是统一秦汉帝国"乃临于海"的海洋意识与海洋战略蓬勃发展的实证。

（供稿：吕凯　彭峪　李祖敏　郭光义）

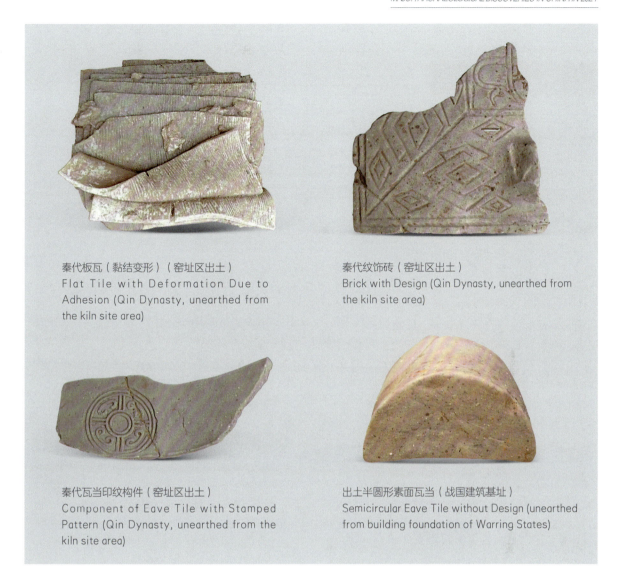

秦代板瓦（黏结变形）（窑址区出土）
Flat Tile with Deformation Due to
Adhesion (Qin Dynasty, unearthed from
the kiln site area)

秦代纹饰砖（窑址区出土）
Brick with Design (Qin Dynasty, unearthed from
the kiln site area)

秦代瓦当印纹构件（窑址区出土）
Component of Eave Tile with Stamped
Pattern (Qin Dynasty, unearthed from the
kiln site area)

出土半圆形素面瓦当（战国建筑基址）
Semicircular Eave Tile without Design (unearthed
from building foundation of Warring States)

The Langyatai Site is located in the southern part of Huangdao District, Qingdao, Shandong Province. From 2019 to 2024, the Shandong Institute of Cultural Relics and Archaeology, in collaboration with the Qingdao Institute of Cultural Relics Protection and Archaeology, conducted excavations at the site. The excavations revealed a mountaintop architectural complex centered around a large high-platform building foundation, a massive rammed-earth platform constructed along the coast, as well as Qin Dynasty kiln sites, building foundations, and Warring States-period architectural remains distributed in various areas at the foot of the mountain.The mountaintop architecture remains yielded significant high-status architectural artifacts of Qin Dynasty, including eave tiles decorated with *Kui*-dragon design and tread bricks with dragon motifs, confirming that this site corresponds to the Langyatai built in the 28th year of Qin Shi Huang's reign.The building foundations and kilns from the Qin period provided various of structural components that serve as crucial evidence for dating the buildings and determining the chronological phases of the site. The discovery of Warring States-period building remains is particularly valuable for reconstructing the overall layout, historical significance, and landscape transformations of the site.Langyatai represents the largest known imperial construction project of the Qin Empire in the eastern region and stands as an important testament to the process of cultural integration and the formation of a unified multiethnic state.

陕西宝鸡

陈仓下站遗址

XIAZHAN SITE IN CHENCANG, BAOJI, SHAANXI

下站遗址位于陕西省宝鸡市陈仓区磻溪镇下站村，地处秦岭北麓的台塬之上，北侧塬边距渭河 800 余米，遗址位于台塬中部偏北。2015 年始，中国国家博物馆与陕西省考古研究院等单位联合在宝鸡地区开展"秦汉雍五畤考古调查、发掘与研究"工作，相继发掘凤翔雍山血池遗址、陈仓吴山祭祀遗址和下站遗址。经勘探，下站遗址总面积约 23 万平方米，共发现祭祀坑 1400 余座，遗址中心区存在一处面积约 2000 平方米的建筑砖瓦堆积区。

2020 ~ 2023 年，经国家文物局批准，中国国家博物馆、陕西省考古研究院、宝鸡市考古研究所及陈仓区博物馆等四家单位组成联合考古队，对下站遗址进行了 3 次主动性考古发掘，揭露总面积 2400 平方米，清理灰坑数十座、半地穴房址 3 座和各类祭祀坑 97 座。

按形制和埋藏物不同，可将祭祀坑分为 3 类，共 5 型。

第一类（A 型）为平行排列的南北向窄长条形坑，宽 0.4 ~ 0.6 米。坑内主要埋藏牺牲为牛和羊，皆为未成年个体。牛头皆向北，排列紧密，摆放较有序。在牛之下，每隔一段距离埋藏一只羊。按照祭祀坑的长短又可细分为 2 亚型：Aa 型长度较长，在发掘区内未能揭露祭祀坑两端；Ab 型长度较短，在发掘区内可见祭祀坑两端，长 4.7 ~ 19.8 米。

第二类为东西向长方形坑，打破长条形坑，根据坑内埋藏物不同又可分为动物牺牲坑（B 型）、车马祭祀坑（C 型）和模型车马祭祀坑（D 型）。

动物牺牲坑（B 型）内牺牲皆为未成年个体，根据坑内埋藏牺牲不同，可将其细分为 3 亚型：Ba 型为马坑，坑底摆放 4 匹马；Bb 型为牛坑，形制较马坑略大，打破马坑，坑底摆放 4 头牛，

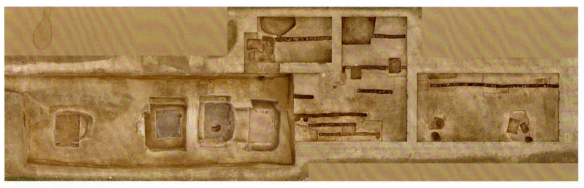

2022 年发掘区正射影像（上为东）
Orthophotograph of the 2022 Excavation Area (east at the top)

2023 年发掘区航拍图
Aerial View of the 2023 Excavation Area

Aa 型祭祀坑
Type Aa Sacrificial Pit

摆放稍乱；Bc 型为羊坑，形制较马坑略小，坑底摆放 4 只羊；此外，还有一类长方形坑，规模与马坑相当，但坑底未见动物牺牲，目前仅发现 1 座。

车马祭祀坑（C 型）存续于春秋中晚期至西汉时期。不同时代，祭祀坑和车马的形制皆有明显区别，根据坑的形制、大小不同，可细分为 3 亚型：Ca 型为超大型车马坑，长 8.7、宽 7.9、深逾 12 米，目前仅发现 1 座，被盗扰严重，盗洞中出土金、玉、铜车马器及玉器等；Cb 型为大型车马坑，长 3.6～4.75 米，均被盗扰，从板灰痕迹及出土遗物判断，坑底应放置木箱，木箱内放置以金、玉、铜车马器装饰的高等级车马一乘；Cc 型为小型车马坑，规模小于 Cb 型，坑内皆放置大型木箱，木箱内放置车马一乘，部分车上髹红漆且有精美蓝色彩绘，车马上有铜、铁车马器，车舆前部放置男、女玉人各 1 件及玉璜、玉琮、铜弩机、铜镞各 1 件（组）。

模型车马祭祀坑（D 型）目前仅清理 2 座。祭祀坑长逾 4 米，较窄，坑内出土玉人、玉璜和模型车马器，未见车马实物，可能是以车马器代替模型车马。

第三类为竖穴洞室型祭祀坑（E 型），直线

Cb 型祭祀坑
Type Cb Sacrificial Pit

Cc 型祭祀坑
Type Cc Sacrificial Pits

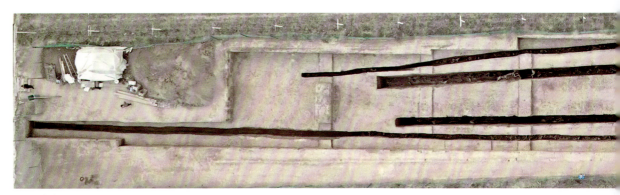

2024 年发掘区航拍图
Aerial View of the 2024 Excavation Area

A 型祭祀坑（局部）
Partial View of Type A Sacrificial Pit

型洞室，洞室内放置模型车马，部分模型车配有伞盖，伞盖边缘垂坠铜铃。

各类祭祀坑之间存在较丰富的打破关系：A型坑被 B、C、D、E 型坑打破，时代最早；E 型坑被 Cc 型坑打破，E 型坑之间也存在打破关系。

除动物牺牲、车马外，遗址还出土了较丰富的祭祀遗物，包括金、玉、铜车马器，玉人、琮、璜等祭祀玉器组合及大量铜车马器、弩机、镞等，还有玉圭、玉璧残件、钱币以及"密"字陶片等，同时还发现大量云纹瓦当、文字瓦当及砖瓦等建筑构件。

2024 年 7 月至 2025 年 1 月，为进一步揭示密畤祭祀遗存内涵及遗址布局，经国家文物局批准，中国国家博物馆、陕西省考古研究院、宝鸡市考古研究所及陈仓区博物馆联合对下站遗址进行了第四次主动性考古发掘，共清理各类祭祀坑 8 座，依据形制不同可分为 2 类。

第一类为平行排列的南北向窄长条形祭祀坑（A 型），共 6 座，宽 0.4 ～ 0.65、最深处约 1.6 米，此类祭祀坑常见于以往发掘。坑内主要埋藏牺牲

E 型祭祀坑
Type E Sacrificial Pit

为牛和羊。牛头皆向北，排列紧密，摆放较有序，多数呈趴伏状，也有部分呈侧卧状。羊多埋藏在牛之下，也有放置在牛旁边或牛之上者。依祭祀坑长度不同，又可分为 2 亚型：Aa 型最长者长逾 120.6 米，未在发掘区内发现祭祀坑的两端；Ab 型共 3 座，长度接近，约 43.5 米。

第二类为平行排列的南北向宽长条形坑（F型），共 2 条，长 60.25 ～ 62、宽 0.7 ～ 1.2、最

F 型祭祀坑
Type F Sacrificial Pit

F 型祭祀坑
Type F Sacrificial Pit

深处 2.6 米。坑内埋藏牺牲为马，马无固定头向及姿势，摆放凌乱。坑内局部有埋藏上下两层马的现象，有的马骨之上零星发现有长条状板灰痕迹。F 型祭祀坑是下站遗址新发现的祭祀坑类型。

本年度发掘的两类祭祀坑之间，存在较为丰富的打破关系。其中，Ab 型坑被 F 型打破，同类型坑之间没有打破关系。由此可知 A 型坑的年代更早，这也与此前下站遗址考古发掘所获相符。

^{14}C 测年数据显示，A 型长条形坑的年代为公元前 700 ～前 500 年，Ba 型马坑的年代为公元前

500 ～前 400 年，Bb 型牛坑和 Bc 型羊坑的年代为公元前 300 ～前 100 年，Ca 型车马坑的年代为公元前 380 ～前 195 年，Cb 型车马坑的年代为公元前 700 ～前 500 年，Cc 型车马坑的年代为公元前 360 ～前 30 年，F 型宽长条形坑的年代为公元前 400 ～前 200 年。从出土遗物看，Cb 型车马坑内出土遗物与甘肃毛家坪 M2059 车马坑和秦公一号大墓车马坑出土遗物形制基本一致，年代相近，应属于春秋中晚期；Cc 型车马坑内出土的车马器，形制与血池遗址出土车马器较一致，年代应为战

F 型祭祀坑（局部）
Partial View of Type F Sacrificial Pit

Ca 型祭祀坑出土玉器及金车马器
Jade Artifacts and Gold Carriage Unearthed from Type Ca Sacrificial Pit

国秦汉时期；被 Cc 型车马坑打破的 E 型祭祀坑，则年代稍早。

　　结合各类祭祀坑的年代及出土遗物，可大致勾勒出春秋时期至汉代下站遗址祭祀遗存的年代序列，及不同时期祭祀遗存的变化与特点。春秋中期主要为长条形坑（A 型），坑内主要埋藏牛牲与羊牲；稍晚阶段的春秋晚期，出现了车马祭祀坑（Cb 型）及其他东西向长方形动物牺牲坑（B 型）；战国时期，开始出现埋藏马牲的宽长条形坑，同时长方形动物牺牲坑仍然存在；更晚阶段，车马祭祀坑（Cc 型）规模变小，且坑内放置的车马从实用车开始向模型车转化，并开始在车舆内放置玉人、璜和琮，这种玉器组合一直延续至西汉时期；洞室型祭祀坑（E 型）是战国晚期至汉代新出现的类型，洞室内放置模型车马。

　　《史记》记载渭河南岸仅有一处畤，即秦宣公四年（前 672 年）所设密畤，下站遗址正位于渭河以南，遗址出土"密"字陶文进一步明确了此处即是密畤。密畤从公元前 672 年建立到西汉末年被废，前后延续使用时间长逾 600 年，是研究先秦至西汉时期祭天礼制及其演变最为完备的实物材料。

　　下站遗址结构布局清晰，各类祭祀坑围绕中心建筑区呈规律性分布，年代相近、类型相同的祭祀坑之间基本无叠压、打破关系。勘探结果显示，遗址东部密集分布着长条形祭祀坑，不见长方形祭祀坑，遗址西部则主要以各类长方形祭祀坑为主。2024 年布设的发掘区位于遗址东部，在发掘区内只见两种不同类型的长条形祭祀坑，而未见以往三次发掘中常见的各类长方形祭祀坑和洞室型祭祀坑，进一步说明了国家对密畤的布局有严谨规划。下站遗址保存较完整，其发掘收获为探索畤乃至秦汉时期祭祀遗存的结构形制提供了难得的材料。

　　　　　　　（供稿：卢一　王凯　王心月　游富祥）

Cc 型祭祀坑出土玉器
Jade Artifacts Unearthed from Type Cc Sacrificial Pit

Cb 型祭祀坑出土玉器
Jade Artifacts Unearthed from Type Cb Sacrificial Pit

The Xiazhan Site is located in Xiazhan Village, Panxi Town, Chencang District, Baoji City, Shaanxi Province. It is a national sacrificial site that was in use from the Spring and Autumn period to the late Western Han Dynasty. From 2020 to 2023, with the approval of the National Cultural Heritage Administration, a joint archaeological team led by the National Museum of China conducted three excavations at the site. A total area of 2,400 square meters was excavated, revealing dozens of ash pits, 3 semi-subterranean house foundations, and 97 sacrificial pits of various types. These remains confirmed that the Xiazhan Site corresponds to the *Mi Zhi*, one of the *Yong Wu Zhi* as recorded in historical texts.In 2024, the joint archaeological team conducted a fourth excavation at the site, uncovering 8 sacrificial pits of two distinct forms and discovering a newly identified type of rectangular horse pit.The Xiazhan Site is well-preserved, with a clear structural layout. The sacrificial pits are systematically arranged around the central architectural area, providing valuable material for studying the layout and structural characteristics of *Zhi* and sacrificial remains from the Qin and Han dynasties.

河北石家庄东垣古城遗址 2024 年发掘收获

EXCAVATION RESULTS OF THE DONGYUAN ANCIENT CITY SITE IN SHIJIAZHUANG, HEBEI IN 2024

东垣古城遗址位于河北省石家庄市北部，地处太行山东麓滹沱河南岸，与正定古城隔河相望，占地面积 2.76 平方公里。东垣古城遗址是战国"中山四邑"之一，秦代为恒山郡郡治，汉为恒山国、真定国国都，魏晋北朝时期是北方的重要城市。2013 年被列为第七批全国重点文物保护单位。2022～2023 年，河北省文物考古研究院陆续探明东垣古城的城市基本形态和空间布局，确认东垣古城存在城垣、城壕、城门、水系、路网及大型建筑基址群、手工业作坊区、居住址等古代城市元素，属于太行山东麓重要区域中心城市之一。2024 年，经国家文物局批准，河北省文物考古研究院对遗址 2 号夯土基址群内的 A 区夯土基址展开了考古发掘工作，发掘面积 1200 平方米，揭露出一座两汉时期大型宫殿建筑基址及其附属建筑，取得了一系列重要收获。

宫殿建筑基址位于 2 号夯土基址群北部的 A 区夯土，是该夯土基址群内建筑规模最大的一处，东西长 136、南北宽 46 米，夯土厚约 1.5 米。此次对该基址的东南部设置发掘区进行了重点揭露，明确其是一组规模宏大、等级甚高的宫殿建筑基址，可分为两期。

第一期宫殿建筑基址被第二期叠压，仅局部有出露，暴露部位主要是散水及一处位于散水外侧的砖砌平面。散水，宽 1.1 米，边缘由砖竖砌形成边框，边框以内先用瓦片竖向砌筑，分隔成多个几何状区域，各区内用碎瓦竖向铺砌填充形成几何状图案。部分散水被第二期宫殿散水和前廊叠压，而建筑东侧边缘的第一期散水则与第二期散水相接，这一部分应是被第二期所沿用。砖砌平面，位于散水外侧，边缘用砖竖砌包边，内部由条砖平铺。砖砌平面的北部还存在用空心砖

第二期宫殿建筑基址（上为北）
Phase Ⅱ Palace Foundation (north at the top)

第二期宫殿建筑细部（上为北）
Architectural Details of the Phase Ⅱ Palace Foundation (north at the top)

宫殿建筑两期散水叠压关系（上为北）
Overlapping Relationship of Two Phases of Palace Drainage Passages (north at the top)

排水系统（上为北）
Drainage System (north at the top)

砌筑的一个带状区域。砖砌平面与第二期散水在同一平面，局部被第二期散水打破，局部与第二期散水共用一道包边，表明该平面在第二期被沿用，充当了第二期建筑的露台部分。

第二期宫殿建筑保存状况较好，是一组由主体建筑和附属建筑共同组成的殿堂式建筑，包括台基主体、前廊、附属建筑、甬道、露台及散水。目前清理部分面阔已达 64 米。台基，由夯土筑成，本身高度存在变化，现存已清理部分西段的台基平面高于外缘散水 0.75 米，东段区域现存台基平面与外缘散水几乎等高。台基边缘用泥砖包边，立面抹有草拌泥并在最外层涂抹白灰，在台基边缘还发现有壁柱痕迹。前廊，位于台基南侧，长 12、残宽 2.2 米，前廊现存表面高于散水表面 0.35 米，整体有塌陷迹象，下方可能原有支撑。两端有慢道与附属建筑相连，慢道地面用方砖铺砌，方砖有模印菱形纹的花纹砖与素面砖两类。附属建筑与甬道，位于台基南侧，整体呈曲尺形，西北侧由慢道与前廊相连。附属建筑呈方形，南北长 5、东西宽 4.6 米，柱础直径 0.45 米。附属建筑东侧连接甬道，甬道宽 2.7 米，亦用方砖铺砌。散水，第二期建筑散水位于建筑南部边缘，以附属建筑为界，可分为东西两段，砌筑方式相同但尺寸存在差别。散水分多个单元砌筑，东段每个单元边长 1.2 米，西段每个单元边长 1.5 米。每个单元边缘用砖竖砌形成边框，内部两对角线亦用砖竖砌将边框内分为四区，各区内用碎瓦竖向铺砌填充。在东段散水中还存在一组特殊的散水，边框内全部用砖竖砌。露台，位于散水外侧，可分为两部分。位于附属建筑西侧的部分系沿用了第一期砖砌平面；位于附属建筑东侧的部分用方砖铺砌，东西长 19 米，南部边缘被破坏，宽度不明确。

第二期宫殿建筑毁于火灾，在地面之上覆盖有厚 0.3 ～ 0.7 米的红烧砖瓦堆积，出土了大量建筑构件。以绳纹板瓦和筒瓦最多，此外还发现大量瓦当。所见瓦当均为云纹瓦当，品种多样。

排水系统主要位于 A 区夯土东南侧的南北向发掘区内，该发掘区北端与 A 区夯土东南部发掘区相接。此区域发现的主要遗存可分为三期，其中第一期遗存系一处与一期宫殿散水砌筑方式相同的散水，揭露面积较小。第二、三期遗存均为排水系统，第二期排水系统系一条南北向的排水道，仅揭

排水道交汇处（上为北）
Drainage Channel Junction (north at the top)

露了局部，打破第一期散水并被第三期排水系统打破，内部宽 0.55 米，砌筑十分规整。第三期排水系统是一套复杂的砖砌排水管网，北部揭露部分系一道由北向南的干流，其西侧有一道由北向南的支流汇入，南部揭露部分系一道由南向北的干流，二者交汇后向东有一道干流排出，三条干流交汇处存在用砖砌筑的一个方形连通设施，排水系统干流部分为券顶，内部宽约 0.55 米，支流部分为平顶，内部宽约 0.18 米。第三期排水系统北部打破第一、二期宫殿建筑基址并向北延伸。

本次发掘出土器物以建筑构件为主，亦发现少量陶器、铜器。建筑构件以筒瓦、板瓦为主，体量均较大。瓦当数量众多，以带大乳丁的云纹瓦当为主，具有鲜明的东汉特征，还发现带有菱形纹的云纹瓦当，可能晚至魏晋时期。砖以铺地方砖和条砖为主，方砖中包含素面方砖和菱形纹方砖。此外还有少量特种砖，包括模印宫殿及神兽纹样的空心砖、砖面带有鼓钉的异型砖、边角经过切削而近梯形的巨型条砖等。瓦当中"真定长乐"瓦当的发现将本次发掘的宫殿建筑基址直接与真定国建立了联系。

通过 2024 年的考古发掘，对东垣古城的内涵有了新的认识。关于宫殿建筑的年代，根据第二

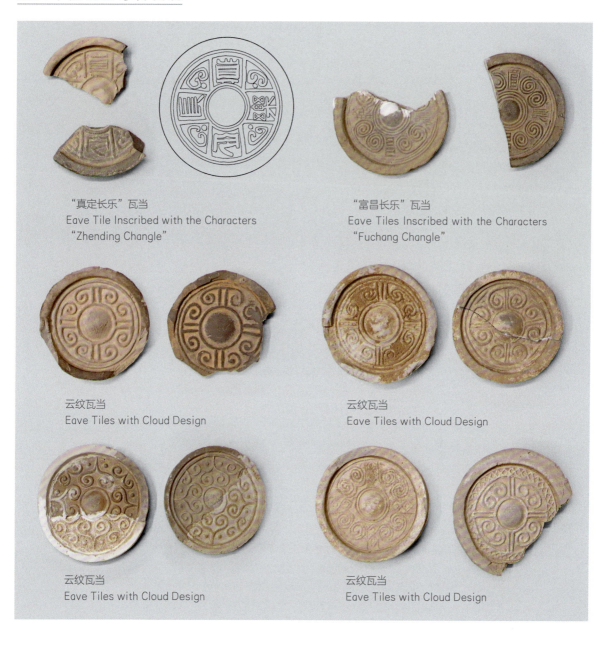

"真定长乐" 瓦当
Eave Tile Inscribed with the Characters
"Zhending Changle"

"富昌长乐" 瓦当
Eave Tiles Inscribed with the Characters
"Fuchang Changle"

云纹瓦当
Eave Tiles with Cloud Design

云纹瓦当
Eave Tiles with Cloud Design

云纹瓦当
Eave Tiles with Cloud Design

云纹瓦当
Eave Tiles with Cloud Design

期宫殿建筑焚毁堆积内的遗物推断,第二期宫殿建筑的主要使用年代应为东汉,且不排除第一期宫殿建筑有早至西汉的可能,第三期排水系统的年代可能晚至汉魏时期。关于宫殿建筑基址的性质,经揭露的主殿规模宏大,用料考究,其规模、形制与西汉长安城未央宫中央官署遗址、汉宣帝杜陵陵园寝殿遗址均有相似之处,应为郡国宫殿建筑遗存。结合东垣古城的历史沿革及建筑堆积中出土的"真定长乐"瓦当,可以明确东垣古城遗址属于汉代真定国宫殿建筑遗存,为汉代真定国国都判定提供了实证。

东垣古城遗址沿用时间长,考古工作充分,是河北地区目前唯一经过全面考古勘探、布局结构清晰的两汉郡国中心城市,更是国内首次开展系统考古工作的汉代侯国国都遗址。本次揭露的汉代宫殿建筑,不仅是华北地区目前发现的布局最完整、规格最高的两汉高等级建筑群,更是国内目前仅见的两汉侯国宫殿建筑遗存。这一发现证明了东垣古城的历史发展脉络,证实了东垣古城作为真定国国都的重要地位,为两汉时期地方侯国城市考古研究提供了珍贵的实物资料。

（供稿：刘亚丽　翟鹏飞　李鹏为　陈伟）

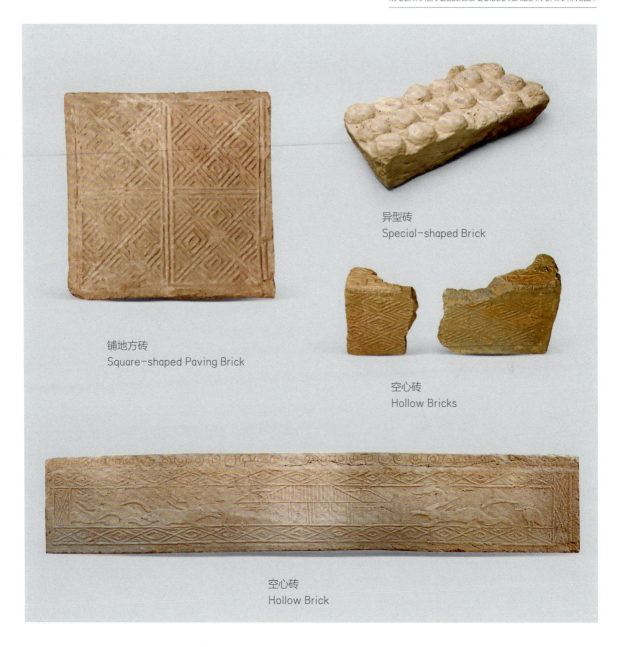

异型砖
Special-shaped Brick

铺地方砖
Square-shaped Paving Brick

空心砖
Hollow Bricks

空心砖
Hollow Brick

The Dongyuan Ancient City Site is located in the northern part of Shijiazhuang City, Hebei Province, situated on the eastern foothills of the Taihang Mountains and the southern bank of the Hutuo River. It is an urban site dating from the Warring States period to the Northern Dynasties. In 2024, the Hebei Provincial Institute of Cultural Relics and Archaeology focused its work on large scale rammed-earth building foundations within the city site, specifically revealing the rammed-earth structure in Area A of Foundation 2 and its associated drainage system. The excavation confirmed that the rammed-earth structure in Area A was the remains of a palace building primarily in use during the Eastern Han Dynasty. The discovery of a eave tile inscribed with the characters "Zhending Changle" further identifies this palace as the palace of the Zhending Kingdom, confirming Dongyuan City Site as the capital of the Zhending Kingdom during the Han Dynasty. This discovery not only contributes to reconstructing the city layout of Dongyuan city but also provides valuable material for the archaeological study of marquis state capitals of Han Dynasty and palace architecture of Eastern Han.

广东黄埔

镬盖顶岭遗址

HUOGAIDINGLING SITE IN HUANGPU, GUANGDONG

镬盖顶岭遗址位于广东省广州市黄埔区龙湖街道汤村创新大道以东、知识四路以北，南距平岗河约 500 米，地处一座低矮平缓的山岗之上，最高海拔 43 米。岗顶东北有一座清乾隆年间的墓葬，墓碑刻有"今卜吉安葬本约土名镬盖顶岭"，可知此山岗原名为"镬盖顶岭"。"镬"字应为粤语，意为"锅"，"镬盖顶岭"应指其形如锅盖。遗址编号为 2023GHTH，2024 年，广州市文物考古研究院对其进行了发掘，发掘面积 700 平方米。遗存主要分布在镬盖顶岭岗顶及西南缓坡，共清理墓葬 2 座、灰坑 16 个、柱洞 166 个，出土陶、石、铜器等各类器物 15 件。遗迹年代包括春秋战国之际至战国早期和西汉南越国时期两个阶段，最重要的发现是独踞镬盖顶岭岗顶的西

遗址全景（上为北）
Full View of the Site (north at the top)

M1 全景（西南—东北）
Full View of Tomb M1 (SW-NE)

M1 全景（东南—西北）
Full view of Tomb M1 (SE-NW)

M1 墓坑西南壁剖面
Section of Southwest Wall of the Tomb M1 Burial Pit

M1 墓坑东南壁剖面
Section of the Southeast Wall of the Tomb M1 Burial Pit

汉南越国时期越人土墩围沟墓（编号 M1）。

发掘区域内地层堆积较为简单，可分 3 层。第①层为现代表土层，厚 0.05～0.2 米；灰褐色黏土，土质疏松，含植物根茎、较多粗沙颗粒、石块等，出土有较多印纹硬陶片、少量夹砂陶片及现代瓷片等，可辨纹饰有夔纹、斜体勾连雷纹、方格纹等；该层下开口的遗迹有 M1、M2、H1～H11 及大部分柱洞。第②层为春秋战国之际至战国早期层，仅分布于 M1 墩体下方围墓沟圈内，厚约 0.15 米；深灰色黏土，土质较疏松，含植物根系、炭粒、烧土颗粒等，出土印纹硬陶片、夹砂陶片，可辨纹饰有夔纹、斜体勾连雷纹、菱格凸块纹、方格纹等；M1 祭祀陶釜放置于该层表面，根据遗迹遗物判断该层表面为 M1 修筑时的地表；该层下开口的遗迹有 H12～H16 及部分柱洞。第③层为春秋战国之际至战国早期层，仅分布于 M1 墩体下方围墓沟圈内，厚约 0.2 米；灰褐色黏土，土质较疏松，含零星炭粒、植物根系等，出土印

纹硬陶片、夹砂陶片，可辨纹饰有夔纹、斜体勾连雷纹、菱格凸块纹、方格纹等。第③层下为生土，红褐色粗沙土，土质纯净、致密。

M1 位于发掘区东北部，开口于第①层下，向下打破第②、③层及生土。墓葬由围沟、封土、墓葬构成，营建方式为在岗顶周围挖好围沟，再于岗丘最高处堆筑土墩，然后开挖带墓道的竖穴土坑，其内放置棺椁，最后封土掩埋墓葬。

围沟平面呈长方形，东南—西北向，与墓葬方向相同，东北角被清乾隆年间墓葬打破。围沟东西中心点长 18.6、南北中心点宽 15.6、平均深约 0.6 米。

封土开口于第①层下，仅残存于墓葬东北部，少部分区域压在墓坑上，残厚 0～0.2 米。灰褐色夹红褐色黏性沙土，土质疏松，含植物根系、炭粒、红烧土等，出土少量陶片，可辨纹饰有夔纹、方格纹等。土墩整体呈圆角长方形，分布于岗顶之上，东西长 14、南北宽 9、堆积最厚处 0.5 米。

M1 清理前（上为北）
Tomb M1 Before Excavation (north at the top)

墓葬形制为带斜坡墓道的长方形竖穴土坑墓，平面呈"凸"字形，墓向311°，开口距地表0.05～0.15米。墓坑周边分布有5个柱洞（编号ZD1～ZD5）。墓道位于墓坑西北部，平面呈长方形，口长3.2、坡长3.6、宽1.6米，坡度27°。墓道内填土为灰褐色黏土，土质疏松，含植物根系、炭粒等，出土少量印纹硬陶片，可辨纹饰有云雷纹、方格纹等。墓道方向的左侧有2个放置于地表的陶釜（M1：祭1、祭2），用于祭祀。墓室位于墓坑东南部，平面近长方形，长4.36、宽2.72米，东北部被ZD3打破。封门位于墓室与墓道连接处，根据痕迹判断宽1.86、进深0.3～0.4米。椁室位于墓室中部，西北窄、东南宽，平面呈"亚"字形，仅存腐痕，椁盖板距墓口约1.16米。椁外填土为红褐色沙土，土质较致密，含砂砾、零星炭粒、风化土块。椁室底部有由石子铺成的长方形椁床，长3.2、宽1.5、厚约0.05米。椁室内放置随葬器物5件，包括陶碗、杯、瓮和铜带钩、铎各1件。棺床下有4条枕木痕迹，其中北、东、西三向均有部分压于椁边板下。

M2位于T1133西北角，西北部被现代坑打破，南部被M1围沟打破。M2开口于第①层下，向下打破生土。该墓为竖穴土坑墓，平面呈长方形，墓向322°，长2.14、宽0.7、深0.3～0.35、口距地表0.2～0.25米。墓内填土为灰褐色沙土，土质较疏松，含植物根系、粗沙粒、零星炭粒等。

墓内无随葬器物，未发现人骨，年代不晚于西汉南越国时期。

灰坑共16个。H1～H11开口于第①层下，H12～H16开口于第②层下，H2、H3、H6、H9被M1围沟打破。根据坑底形态，灰坑可以分为两类，第一类灰坑坑底平整，包括H1～H8、H10、H15、H16；第二类灰坑坑底不平，凹陷如柱洞，包括H9、H11～H14。

H13位于T1132东南部，开口于第②层下，向下打破第③层和生土。平面近不规则椭圆形，东西直径0.72、南北直径1.1、深0.08～0.38米，开口距地表0.1米。坑口线明显，斜壁、坑底不平，北部较深。填土为灰褐色黏土，土质疏松，含植物根茎、粗沙粒、炭粒等。

H16位于T1132西部，开口于第②层下，向下打破第③层及生土。平面为不规则椭圆形，东西直径1.26、南北直径0.72、深0.16米，开口距地表0.1米。坑口线明显，斜壁、坑底较平。填土为灰褐色黏土，土质疏松，含植物根茎、石块、炭粒等，出土少量印纹硬陶片，纹饰有曲折纹、方格纹、斜体勾连雷纹。

广州地区战国晚期至西汉前期封土保存较为完好的墓葬曾在西北距镬盖顶岭不远的陂头岭遗址有较多发现。因为水土流失和人类活动影响，镬盖顶岭M1的封土保存较差，仅残存于墓葬东北部。从镬盖顶岭的名称可推断，岗顶的地貌如锅盖一般，四周平缓，中间凸出形同盖纽，很可能就是M1的原始封土。

镬盖顶岭M1是目前岭南地区首次发现的、形制明确的、带有围沟的土墩墓。岭南地区的土墩墓如广西合浦双坟墩、桂平大塘城M3001，以及广州黄埔园岗M1，均未发现围沟。江浙地区印山越王陵筑环壕、绍兴小黄山越人墓有围沟，其形制与镬盖顶岭M1相同，并且均有独踞山顶的特点。镬盖顶岭M1的围沟有可能是江浙越人的传统，说明广州地区在百越文化交流中具有重要地位。镬盖顶岭M1的发现为探寻战国晚期至西汉前期，自长江下游的环太湖地区，经浙南、福建到岭南的百越文化圈的交流融合及传播的路径提供了新的线索，也为早期岭南探源和中国化进程的研究阐释增添了实证材料。

（供稿：谷俊杰 关舜甫）

陶杯（M1：1）
Pottery Cup (M1：1)

陶瓮（M1：2）
Pottery Urn (M1：2)

铜带钩（M1：4）
Bronze Belt Hook (M1：4)

铜铎（M1：5）
Bronze *Duo*-bell (M1：5)

陶碗（M1：3）
Pottery Bowl (M1：3)

陶釜（M1祭：2）
Pottery *Fu*-cauldron (M1Ji：2)

陶鼎（T1132①：2）
Pottery *Ding*-tripod (T1132①：2)

陶釜（T1132②：2）
Pottery *Fu*-cauldron (T1132②：2)

The Huogaidingling Site is located in Huangpu District, Guangzhou City, Guangdong Province, situated on a low, gently sloping hill. In 2024, Guangzhou Municipal Institute of Cultural Relics and Archaeology conducted an excavation at the site, covering an area of 700 square meters. The excavation revealed two burials, 16 ash pits, and 166 pillar holes. The most significant discovery was a Yue earthen trench tomb of Nanyue Kingdom from the Western Han Dynasty, situated alone at the summit of Huogaidingling Hill (designated as Tomb M1). Tomb M1 consists of a surrounding trench, a mound, and the main burial chamber. It is a rectangular vertical shaft earthen pit tomb with a sloped passage, measuring 14 meters in length and 9 meters in width (north-south). Five burial goods were unearthed from the burial. Tomb M1 is the first clearly identified earthen mound tomb with a surrounding trench discovered in the Lingnan region, exhibiting characteristics typical of Yue burials found in Jiangsu and Zhejiang. Its discovery provides new insights into the cultural exchange, integration, and dissemination of Baiyue culture from the late Warring States period to the early Western Han Dynasty.

陕西泾阳

小堡子西汉列侯墓园

XIAOBUZI WESTERN HAN MARQUISES' CEMETERY IN JINGYANG, SHAANXI

小堡子西汉列侯墓园位于陕西省咸阳市泾阳县小堡子村东南，地处咸阳原东北部，西南距长陵邑约 2 公里。2024 年，为配合土地储备工作，陕西省考古研究院在项目用地范围内开展发掘工作，共清理墓葬 600 余座，多为中小型墓，以围沟为区划有规律地分布，年代集中在西汉时期。十分重要的是，在地块东北部发现了相对独立的墓园，规模宏大、随葬丰美，可达列侯墓葬级别。墓园以宽大围沟为周界，可划为两座相互

毗邻的墓园，自北向南依次编为一号墓园和二号墓园，共包括大型墓葬 5 座，平面均呈"甲"字形，为长斜坡墓道竖穴木椁墓，其中一号和二号墓园内各 2 座，平行分布于围沟内，紧邻二号墓园围沟以南另有 1 座。

M1 和 M2 位于一号墓园内，南北平行分布，坐西朝东，有过洞式甬道，甬道南北两侧各有一耳室，分别置陶器和车马明器。墓室皆有三级内收台阶，M1 葬具为一棺一椁，M2 因盗扰严重，

墓园布局（上为西）
Layout of the Cemetery (west at the top)

棺形制不清，椁外皆填木炭，椁底之下有对称分布的垫石。M1 总长 36.4 米，墓道长 21.6、宽 1.4 ~ 2.5 米，甬道长 5.4、高 1.5 ~ 1.7 米，墓室长 11.8、宽 8.3、深 10.4 米。木棺位于墓室西南部，棺外南侧发现保存较好的人骨 1 具，初步鉴定为男性，死亡年龄为 30 ~ 35 岁。墓室西北部及东部可见漆箱痕迹。M2 位于 M1 南侧，总长 42 米，墓道长 28、宽 1.8 ~ 3.4 米，甬道长 6.2、高 1.5 米，墓室长 11.7、宽 9.5、深 11 米。因严重盗扰，墓室内的人骨散乱且保存很少。值得注意的是，M2 墓室周围有向心式丛葬的 6 座外藏坑，南、北、西各 2 座，均呈竖穴坑道土洞室结构，坑道长 2.2 ~ 2.36、宽 0.8 ~ 1、深约 9 米，洞室长 4.3 ~ 5.3、宽 2.1 ~ 2.4、高 1.4 ~ 2 米，随葬大量车马明器。

M3 和 M4 位于二号墓园内，东西平行分布，坐北朝南，无过洞式甬道，墓道内北部均置外藏椁。M3 总长 47.1 米，墓道长 35.6、宽 2.8 ~ 6.4、墓室长 11.5、宽 9.1、深 10.3 米。墓室有三级内收台阶，葬具为一棺一椁，木棺位于墓室西北部，人骨散乱且保存差。墓室北部及东部可辨 3 个漆箱痕迹。在墓道内北部距墓室口 3.7 米处有一道砖封门，高约 2 米，其北置一外藏椁，长 5.5、宽 3.2 米，出土车马明器。墓道近墓室口西侧有 2 个耳室，其中北耳室出土陶盒、陶罐等，罐口有木塞，罐内保存有鱼骨、鳖骨等，耳室内还残存竹笥，出土果核、封泥等。M4 位于 M3 东侧，总长 46.3 米，墓道长 34.4、宽 2.4 ~ 7.2 米，墓室长 13.4、宽 10.5、深 10.4 米。墓室有三级内收台阶，葬具为一棺一椁，椁外填木炭，因盗扰严重，木棺具体形制不详，人骨散乱分布于椁室中部，墓室正中椁底之下有一块近方形垫石。斜坡墓道内北部填土并夯平，置 2 个南北纵向并列的外藏椁，南侧外藏椁较小，南北残长 4.5、东西宽 2 米，北侧外藏椁南北长 6、东西宽 3.8 米，出土车马明器、铜兵器、

M2 及其外藏坑（上为北）
Burial M2 and Its Storage Pits Outside Burial Chamber (north at the top)

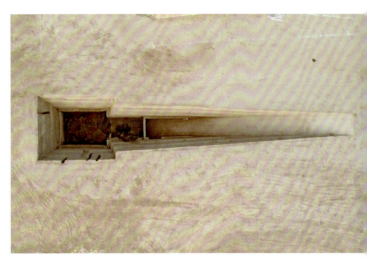

M3（上为东）
Burial M3 (east at the top)

M4（上为东）
Burial M4 (east at the top)

M4 耳室内铜器出土情况
Bronze Artifacts Unearthed from the Ear Chamber of Burial M4

M4 出土铜钫朱书文字"十升"
Bronze Fang with Vermilion Inscription "Shi Sheng" Unearthed from Burial M4

兽骨等。墓道东西两侧各有 2 个对称分布的耳室，置铜器、陶器、车马明器等。二号墓园内 M3 墓道西侧有 1 座外藏坑，为竖穴坑道土洞室结构，坑道长 1.6、宽 0.72、深 1.8 米，洞室长 1.66、宽 0.72、高 0.9 米，内置马骨 1 具。

M5 位于二号墓园围沟以南，与 M1、M2 形制相同、方向一致，但规模略小。M5 椁室被盗扰最为严重，棺形制不详，未存人骨。北耳室出土车马明器，南耳室出土陶器。

五座大墓虽经严重盗扰，但仍出土了丰富的随葬器物，包括彩绘陶器、原始瓷器、铜器、金器、玉器及螺杯、封泥等珍贵文物。陶器有鼎、盒、壶等仿铜礼器及罐、仓、灶等生活类明器，仓上有朱书"麻京万石"等；原始瓷器主要为瓿、壶；铜器 100 余件，器形丰富，包括鼎、壶、钫、炉、瓿、羽状地纹扁壶、羽状地纹鎏金茧形壶、雁尊等，钫上可见朱书"十升"、墨书"上官"，一件壶

M1 出土陶器组合
Pottery Assemblage Unearthed from Burial M1

M1 出土原始瓷瓿
Proto-porcelain *Bu* Unearthed from Burial M1

M1 出土彩绘陶仓
Painted Pottery Granaries Unearthed from Burial M1

M4 出土鎏金铜茧形壶
Gilt Bronze Cocoon-shaped Pot Unearthed from Burial M4

M4 出土铜鼎
Bronze *Ding* Unearthed from Burial M4

M4 出土铜扁壶
Bronze Flat Pot Unearthed from Burial M4

M3 出土铜骑马俑
Bronze Horse-riding Figurine Unearthed from Burial M3

M4 出土金印
Gold Seal Unearthed from Burial M4

M4 出土鎏金铜印
Gilt Bronze Seal Unearthed from Burial M4

M4 出土麟趾金
Linzhi Gold Unearthed from Burial M4

内还保存有约 13 升的液体；金器包括龟纽印、麟趾金及 400 余件饰片，饰片制作精美，人物和动植物形象生动；玉器包括口琀、窍塞、玉握、耳珰、带钩、璜、璧及四角有孔的玉片等；螺杯 18 件，系用大型宝螺、鹦鹉螺等远洋螺类的螺壳制作，打磨光滑，技艺精湛，其中 7 件内壁带有彩绘；封泥 30 余件，印文内容集中，多见"富民家丞""田异士印""田贤友印"。此外，还发现多处漆器和纺织品残痕。

同已确认的西汉列侯墓葬相比，本次发掘的五座大墓规模与之接近，且配置有宽大的围沟等墓域设施，加之丰富精美的高等级随葬器物，遗迹、遗物均彰显出墓主的特殊身份，可达列侯级别。又根据墓葬形制和陶瓷器器形特征判断，墓葬年代为西汉中期，结合墓园的地理位置推测，小堡子墓园为西汉中期长陵邑附近的列侯墓园。尤为重要的是，封泥文字及两枚印章为进一步判定二号墓园墓主身份提供了关键证据。汉代列侯的丧事主要由其家丞执办，可见二号墓园之主应为富民侯。汉代获封富民侯者仅武帝朝最后一位丞相田千秋及其子田顺。田千秋初为高庙寝郎，于"巫蛊之祸"后为戾太子鸣冤上书，得以荣升

为九卿之一的大鸿胪，并在数月后速迁为丞相、封富民侯，历武、昭两朝，任宰相 12 年，最后于汉昭帝元凤四年（前 77 年）老于相位。子田顺嗣侯，后因罪国除。田千秋先祖为齐国大族，高祖时徙至长陵邑并世代居住，应是其葬于长陵邑周边的主要原因。地理区位、考古实物、出土文字资料与文献记载之间的互证关系表明，二号墓园墓主应为西汉富民侯田千秋及其夫人。

小堡子西汉列侯墓园，作为继杨家湾汉墓之后长陵周边考古发掘的又一列侯墓园，标志着帝陵周边高等级墓园考古取得了显著进展和新的突破。二号墓园墓主可考，明确的年代信息使随葬器物能够成为西汉中期墓葬研究的重要标准器，墓葬结构特征和墓园设计也因此获得了清晰的时代背景界定，为西汉中期高等级墓葬研究树立了标尺。田氏家族自汉高祖时期从关东迁徙至长陵邑后，世代居于此处。本次田氏墓园的发现，不仅实证了长陵邑居民来源的广泛性和多样性，同时彰显了中央政权通过陵邑对豪族进行集中管理和稳定控制的策略，为探讨西汉陵邑的管理模式和发展路径提供了典型案例。

（供稿：郭结　王渭真　朱瑛培）

M3 出土封泥"富民家丞"
Sealing Clay with Characters "Fumin Jiacheng" Unearthed from Burial M3

M3 出土封泥"田贤友印"
Sealing Clay with Characters "Tianxianyou Yin" Unearthed from Burial M3

M3 出土玉带钩
Jade Hook Unearthed from Burial M3

M2 出土玉片
Piece of Jade Unearthed from Burial M2

M2 出土玉璜
Jade *Huang* Unearthed from Burial M2

M3 出土金饰片
Gold Plaques Unearthed from
Burial M3

The Xiaobuzi Western Han Marquises' Cemetery is located southeast of Xiaobuzi Village in Jingyang County, Xianyang City, Shaanxi Province, approximately 2 kilometers southwest of the town of Changling Mausoleum. From 2023 to 2024, the Shaanxi Academy of Archaeology excavated over 600 burials within the project area, most of which date to the Western Han Dynasty. Significantly, two relatively independent cemetery enclosures were discovered in the northeastern section of the site, each marked by a broad surrounding trench. Each cemetery contained two large burials, arranged parallel within the trench. Additionally, one more large burial was found just south of the surrounding trench of Cemetery 2. These five burials are monumental in scale and richly furnished, consistent with the burial standards of Western Han marquises. Based on seals and sealing clays unearthed from Cemetery 2, the burial owners have been identified as Tian Qianqiu, Marquis of Fumin, and his wife. The excavation of the Xiaobuzi Western Han Marquises' Cemetery provides a precise chronological benchmark for the study of high-ranking Western Han burials and offers valuable insights into the management patterns of the town of Western Han.

陕西西安
小烟庄汉代陶窑遗址

XIAOYANZHUANG POTTERY KILN SITE OF HAN DYNASTY
IN XI'AN, SHAANXI

小烟庄遗址位于陕西省西安市高新区科技三路与鱼化三路十字东北角，地处汉长安城南上林苑范围内，北距汉长安城西安门遗址约7.7公里，地近汉代漕渠和沣水故道。为配合基本建设，2023年1～12月，西安市文物保护考古研究院对项目用地范围内的遗址区进行了发掘，清理各类遗迹近400处，年代包括仰韶晚期、汉代、隋唐和明清时期。其中，汉代遗迹包括陶窑、房址、灰坑、水井、沟、道路等类型，出土板瓦、筒瓦、瓦当、方砖、条砖、陶拍、陶球、陶罐、陶盆等各类标本900余件，为本次发掘工作的主要收获。

汉代遗存以陶窑为主体，主要分布在发掘区中部，近"回"字形，范围东西长约270、南北宽约200米，面积5万余平方米，主要遗迹包括位于中部的房址1座，围绕房址东、北、西三面均匀分布的陶窑40座，以及散布在陶窑之间的水井29口、灰坑81个等配套设施。遗存东南角有围沟1条，西侧有道路1条，可能为与陶窑相关的设施。

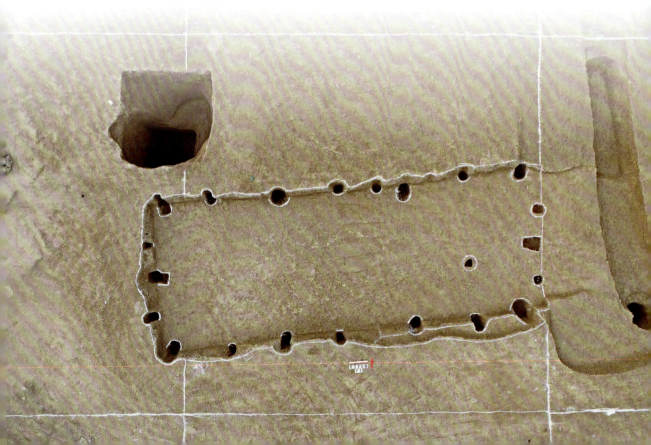

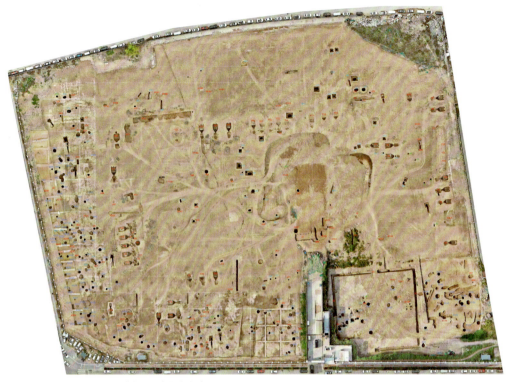

发掘区遗迹正射影像（上为北）
Orthophotograph of the Remains of the Excavation Area (north at the top)

房址（F1）为半地穴式，仅存地面以下部分，平面呈东西向长方形，直壁较规整，平底，四壁有对称分布的柱洞，底面有厚约 0.02 米的踩踏层，东部被现代坑打破，东西残长 11、南北宽 3.9、壁面残高 0.46～0.6 米。房址东侧分布有同时期灰坑、水井等遗迹。房址底部填土中出土大量板瓦、筒瓦等建筑材料和少量陶盆、罐等生活用器残片。

陶窑平面多呈马蹄形，由操作间、窑门、火膛、窑床和烟道组成。40 座陶窑均匀分布于房址的东、北、西三面，多为烟道向外、操作间朝内，形成以房址为中心的辐射形布局。由于历年来生产建设活动破坏，陶窑上部多已不存，从残存结构推测，其应为半地穴式结构，建造方式为先在地面挖出马蹄形坑，坑底预留生土窑床，并向一侧掏挖出半封闭形火膛、窑门等结构。窑床上铺有板瓦或条砖，铺板瓦者占多数，系先以完整板瓦对缝平铺后将板瓦敲碎，使之更加贴合窑床，部分窑床上铺有板瓦 3 层；铺砖者多位于西南部区域，有以完整条砖对缝平铺者，亦有以残砖拼合者。大部分窑室以土坯砌成四壁，土坯烧结情况不均匀，近窑室端呈青灰色，远端呈红褐色，土坯上

涂抹有层数不等的草拌泥；只有西南部 4 座陶窑未用土坯砌壁，以直接在生土壁上涂抹草拌泥的方式建筑而成。烟道位于窑室后部，与窑室之间有隔墙，仅底部有通道连接。烟道有一条、两条和三条共三种。其中一条者仅 Y40 一例，椭圆形烟道位于窑床北部正中，Y40 建设未完成。两烟道者占多数，分布上与三烟道者并无明显分区。烟道的建筑方式有窑室后壁向后掏挖和窑室后部砌筑两种，以前者为主。

东侧陶窑有 13 座。其中 10 座位于房址向东约 90 米处的南北一线，多为独立操作间，烟道均向东，多为两条烟道，火膛平面呈梯形，窑室侧壁由土坯顺砌而成，窑床底部有多层铺瓦。Y1 位于这组陶窑最南端，操作间位于火膛西部，南部被晚期墓葬打破，口大底小呈锅底状，口径 3.8、残深 1.36 米。窑门平面呈长方形，宽 0.7、进深 0.7、残高 0.8 米。火膛位于窑室西部，侧壁上部为条形土坯单层错缝顺砌，下部为生土，底部平整，东西长 1.62、南北宽 0.96～2.76、深 1.5 米。窑床位于窑室东部，平面近方形，直壁，平底，顶部破坏不存，仅存少部分窑壁及底面，周壁均以

Y1（上为北）
Kiln Y1 (north at the top)

Y27（上为西）
Kiln Y27 (west at the top)

Y38（上为北）
Kiln Y38 (north at the top)

Y33（上为西）
Kiln Y33 (west at the top)

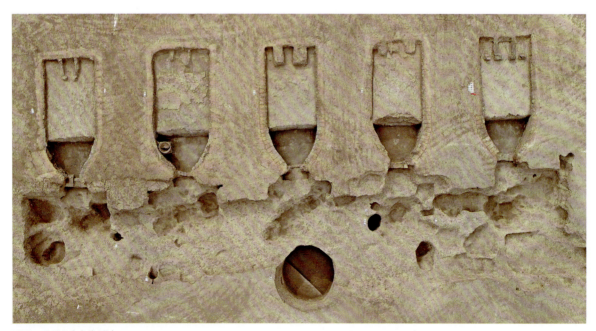

Y28～Y32（上为西）
Kilns Y28-Y32 (west at the top)

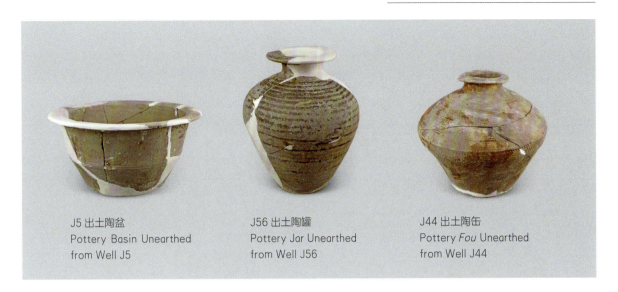

J5 出土陶盆
Pottery Basin Unearthed
from Well J5

J56 出土陶罐
Pottery Jar Unearthed
from Well J56

J44 出土陶缶
Pottery *Fou* Unearthed
from Well J44

条形土坯单层错缝平砌，用草拌泥涂抹壁面，底部为板瓦单层平铺，东西长 2.76、南北宽 2.84 ~ 3.06、残高 0.88 米。烟道位于窑室后壁的南北两侧，共 2 条，均为窑室后壁掏挖的竖直形槽，平面呈梯形，宽 0.22、进深 0.58 米。Y1 内填土土质疏松，内含炭粒、草木灰、红烧土块、红烧土颗粒、土坯残块等。出土器物均为泥质灰陶，建筑材料有板瓦、筒瓦、"长生无极"瓦当等。

北侧陶窑见有 14 座，分布于房址北约 70 米的东西宽达 200、近东北—西南向的直线上，约可分为 5 组，组与组之间有一定间隔，每组陶窑分布相对集中。其中 Y14 ~ Y18 为一组，均为圆弧形火膛，被破坏严重，多仅存火膛底部部分；其余均为梯形火膛，形制与 Y1 相近。

西侧陶窑 13 座，分布于房址西约 100 米的南北一线上。其中 Y28 ~ Y32 排布规整，窑门均朝东，共用一长条形操作间。Y31 由操作间、窑门、火膛、窑床、烟道组成，坐西朝东，与两侧陶窑共用一长方形操作间，操作间斜壁内收，壁面较粗糙，北端可见疑似柱洞痕迹。窑门对面操作间东部有近圆形灶坑 1 个，坑径 0.52、深 0.62 米。窑门平面呈长方形，宽 0.88、进深 0.28、高 0.94 米，底部残存封门砖 1 层。火膛位于窑室东部，平面呈圆弧形，南北两壁以土坯纵向平砌，底部平整，东西长 1.66、南北最宽 2.4、残深 0.94 米。火膛内南部立有陶瓮 1 件。窑床平面呈长方形，周壁为土坯纵向平砌，窑床面以长方形板瓦平铺，东西长 3.2、南北宽 2.4、残深 0.3 米，板瓦长 60、

宽 50 厘米。烟道有 3 条，系在窑室西部以土坯和泥砌筑而成。Y31 内出土板瓦、筒瓦、瓦当、砖、陶球、铁斧、铁刀等遗物。

汉代灰坑和水井零散分布于陶窑周边和窑场中间的空地上。H13 位于 Y27 东南约 14 米处，开口平面呈曲尺形，底部坑洼不平，开口东西长 5.8、南北宽 4.56、深 1.5 米。坑内填土土质较硬，内含大量红烧土块和板瓦、筒瓦残片及"长生无极"瓦当等。J56 位于 Y23 南约 20 米处，开口平面近圆形，口下 1.2 米的壁面斜向外扩，其下斜内收呈弧壁，壁面较规整，底部较平整，口径 2.2、底径 0.92、深 3.52 米。井内填土土质较疏松，内含炭灰、红烧土块等，出土板瓦、筒瓦、砖、"长生无极"瓦当、"长乐未央"瓦当及陶罐、陶盆、铜钱、铁器等。

从遗迹形制、出土器物特征等方面综合判断，小烟庄汉代陶窑遗址时代应为西汉晚期。遗址规模大、陶窑建造精细、布局经过详细规划，所烧造产品多为建筑材料，质量上乘，推测为西汉晚期长安城南上林苑内一处官方陶窑作坊。遗址北距汉长安城西安门遗址 7.7 公里，与汉代沈水、槽渠故道相邻，其所烧造的建筑材料或为供长安城内建设修缮所用。小烟庄遗址为汉长安城附近发现的规模最大、布局最完整、单体数量最多的陶窑遗址，对研究汉长安城上林苑区域功能区分布、汉代制陶工艺与技术、社会经济等具有重要价值。

（供稿：朱连华 郭昕）

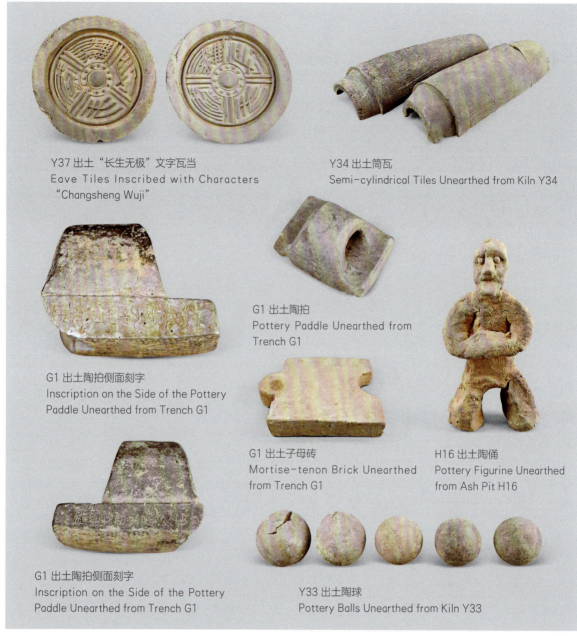

Y37 出土 "长生无极" 文字瓦当
Eave Tiles Inscribed with Characters "Changsheng Wuji"

Y34 出土筒瓦
Semi-cylindrical Tiles Unearthed from Kiln Y34

G1 出土陶拍
Pottery Paddle Unearthed from Trench G1

G1 出土陶拍侧面刻字
Inscription on the Side of the Pottery Paddle Unearthed from Trench G1

G1 出土子母砖
Mortise-tenon Brick Unearthed from Trench G1

H16 出土陶俑
Pottery Figurine Unearthed from Ash Pit H16

G1 出土陶拍侧面刻字
Inscription on the Side of the Pottery Paddle Unearthed from Trench G1

Y33 出土陶球
Pottery Balls Unearthed from Kiln Y33

Xiaoyanzhuang Pottery Kiln Site of Han Dynasty is located at the northeast corner of the intersection of Keji Third Road and Yuhua Third Road in the High-tech district of Xi'an, Shaanxi Province. It lies within the area of Shanglinyuan, south of Han Chang'an City, approximately 7.7 kilometers north of the ruins of the Xi'an Gate of Han Chang'an City. To accommodate infrastructure construction, the Xi'an municipal Institute of Cultural Relics Protection and Archaeology conducted an excavation at the site from January to December 2023, uncovering 40 pottery kilns of Han Dynasty, one house foundation, as well as wells, ash pits, and other associated facilities scattered among the kilns. A large number of construction materials, including flat tiles, semi-cylindrical tiles, and eave tiles, as well as a small quantity of production tools and daily utensils, were unearthed, representing the primary achievements of this excavation. The site is large in scale, with finely constructed kilns and a meticulously planned layout. The high-quality construction materials produced here suggest that it was an official pottery workshop located within the Shanglinyuan south of Chang'an City during the late Western Han Dynasty.

河南洛阳
白草坡东汉陵园遗址

BAICAOPO EASTERN HAN DYNASTY IMPERIAL MAUSOLEUM SITE IN LUOYANG, HENAN

白草坡东汉陵园遗址位于河南省洛阳市庞村镇白草坡村，地理坐标为北纬 34° 37.483′，东经 112° 39.749′，海拔 138.7 米，地处万安山北麓高坡和伊洛河谷地交接的前缘。东汉帝陵分为南、北两个陵区。邙山陵区位于洛阳城之北的邙山，今洛阳市孟津区境内；洛南陵区位于洛阳城东南的万安山北麓，今洛阳市洛龙区和偃师区境内。白草坡东汉陵园遗址属于洛南东汉帝陵的组成部分，位于洛南东汉帝陵核心区北部。经勘探，陵园遗址总面积约 85 万平方米，墓冢封土在 20 世纪 70 年代已被夷平，原始封土呈圆形，直径约 125 米，墓道南向，宽约 10 米。

陵园遗址发现于 2006 年，在配合郑西高速铁路建设过程中曾对遗址进行了首次发掘，部分揭露了陵园遗址东北部的院落式建筑。2014 年又进一步对陵园遗址进行了全面勘探，基本明确了陵园的整体范围和基本布局。根据洛阳东汉帝陵考古工作的总体规划，在邙山陵区东汉五陵的考古工作取得阶段性成果的背景下，2017 年将工作重心转移至洛南东汉陵区，重启了白草坡东汉陵园遗址的考古发掘工作，并持续至今。

根据文献记载，东汉帝陵陵园除封土和地宫

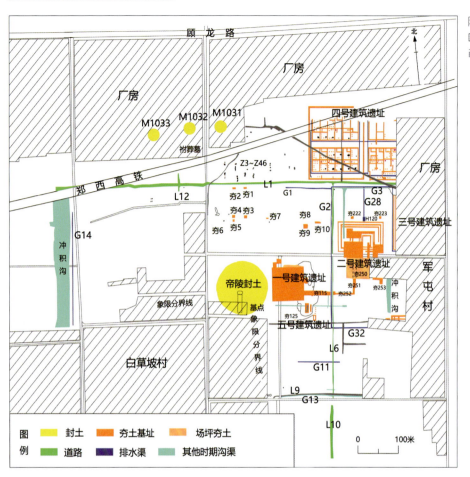

陵园遗迹分布图
Distribution of Remains in Mausoleum

图例
封土 夯土基址 场坪夯土
道路 排水渠 其他时期沟渠

内陵园主要发掘遗迹位置关系
Spatial Relationship of the Main Excavated Remains in the Inner Mausoleum Area

外，主要陵寝建筑还包括石殿、钟虡、寝殿、园省、园寺吏舍等部分。通过勘探，在陵园内亦发现了五组相对独立的陵寝建筑，路网及排水系统分布其间。陵寝建筑的总体布局与邙山东汉陵区的大汉冢陵园、二汉冢陵园高度相似，陵寝建筑集中分布在封土的东侧及陵园东北部。2017～2020年，洛阳市考古研究院对四号建筑单元及内陵园北侧道路、门址进行了发掘，基本探明了四号建筑单元的整体布局，推测该组建筑为"园寺吏舍"。2021～2024年，发掘对象主要为一号、五号建筑单元及周边遗存，通过近几年的发掘，确认这两组建筑分别为"石殿"和"钟虡"。

一号建筑单元位于封土东侧，是一处方形殿址，即文献中记载的"石殿"。建筑规模较大，边长约75米，因此在发掘过程中主要对夯土台基边缘和转角部分进行揭露，以确认其形制、规模和四周阶道的分布情况。目前已经对石殿南、北两侧和东侧进行了揭露。石殿中心为方形夯土台基，台基外侧为回廊，回廊外侧有一周卵石散水，整体保存状况较差，中心台基仅残存基槽部分，卵石散水也被严重扰乱。在石殿台基南部发现 3 块平铺的石板，东侧石板紧邻圆形柱洞，石板边缘被修整为圆弧状，与柱洞紧密贴合。柱洞直径 0.76、残深约 0.05 米。石殿东侧确认通道 2 处，第一处位于东侧中部，第二处位于东侧南部。后者向东与一条东西向廊道连接，这条廊道向东延伸，穿越内陵园东界后向北折，通往二号建筑单元（寝殿）。

五号建筑单元位于石殿东南侧，由两座长条形夯土台基和一座房址组成。西侧夯土台基（夯 3）南北长 24.7、东西宽 10、深 6.05 米。台基中心发现大型石柱础 4 个，南北一线排列。柱础石深埋在台基内部，距台基现存表面约 2.2 米。柱础石由上部方石和下部两块条形石组成，上部方形柱础石边长约 0.9 米，中心有方形榫窝，柱础坑近

石殿台基上部石板和柱洞
Stone Slab and Pillar Hole on Platform of the Stone Hall

底部有一层厚 0.15 米的草木灰。柱础石侧壁多有题记，共发现 11 处，格式与以往东汉陵区内发现的黄肠石题记相近，包含石工姓名、规格尺寸、年号等信息。纪年多为"永建三年"（128 年），

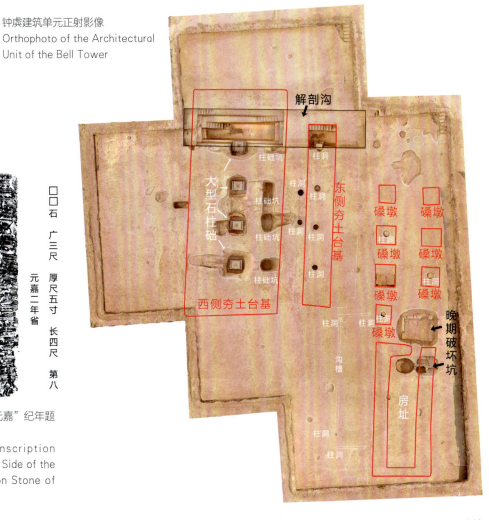

钟虡建筑单元正射影像
Orthophoto of the Architectural Unit of the Bell Tower

解剖沟

柱础坑

大型石柱础

柱础坑

柱础坑

柱础坑

柱洞

柱洞

东侧夯土台基

西侧夯土台基

砳墩

砳墩

砳墩

砳墩

砳墩

砳墩

砳墩

柱洞

柱洞

柱洞

柱洞

柱洞

晚期破坏坑

沟槽

房址

柱洞

□□石　广三尺　厚尺五寸　长四尺　第八　元嘉二年省

钟虡柱础石侧壁"元嘉"纪年题记拓片
Rubbing of the Inscription "Yuanjia" on the Side of the Column Foundation Stone of the Bell Tower

钟虡夯土台基解剖沟剖面正射影像（北—南）
Orthophoto of the Section of the Trench of Rammed-earthed Platform of the Bell Tower (N-S)

特别重要的是一件柱础石上有"元嘉二年"（152年）题记，"元嘉"为东汉桓帝年号，为陵主的确认提供了重要信息。东侧夯土台基（夯4）南北长19.5、东西宽4、深3.05米，台基中心发现4个柱洞，南北一线排列，并与西侧夯土台基中心线上的柱础基本对应。夯土台基东南侧有一处小型房址（F20），南北长14.5、东西宽6.6米，门道位于房址北部。房址北侧发现有南北2列方形磉墩，每列4排，磉墩边长2.1米，部分磉墩内部发现有柱础石。总体来看，西侧夯土台基应为该组建筑的主体，其基槽深度远超陵园内其他建筑，台基内部的柱础石体量较大，埋藏较深，推测是为了极大的承重量而特别设计的。同时，这组建筑位于石殿南部东侧，距离石殿较近，而石殿可能象征朝堂，也有陵庙的意味，是举行重要祭祀活动的场所，综合以上信息判断，这组建筑应为陵园内的"钟虡"，即悬挂大型乐钟的设施。

另外，白草坡东汉帝陵封土周围发现了较为丰富的道路遗存和排水设施。2017年曾在内陵园北部道路内侧发现长方形夯土墩台2处，夯土墩台位于封土正北，应为内陵园北门址。2021～2024年，在疑为内陵园东门的位置进行了发掘，但并未发现类似北门址的夯土墩台，但发现了内陵园东侧的排水渠。排水渠为砖砌暗渠，顶砖已坍塌，仅残留铺地砖，部分区域残存少量壁砖。排水渠底部南高北低，宽1.6米。在排水渠西侧发现了南北向排列的圆形柱洞，共12个，直径0.4～0.6米。根据文献记载，东汉帝陵除光武帝刘秀原陵的陵园修建有夯土垣墙外，其余帝陵的内陵园周边多以"行马"为界标，这也是两汉帝陵之间的明显差异。"行马"是类似栅栏的木构设施，通过勘探难以确认，导致东汉帝陵内陵园和外陵园的具体边界一直难以明确。此次在排水渠西侧发现的圆形柱洞，有可能是"行马"遗存。

遗址出土器物以陶制建筑材料为主，另有少量日用陶器和石构件。建筑材料有筒瓦和板瓦，瓦当均为云纹瓦当。日用陶器多为罐和碗。在钟虡夯土台基上部的灰坑内，出土了大量建筑石材残件，大部分被破坏较为严重，有一些可辨识的造型为兽首等，未见完整形象。

白草坡东汉陵园的考古工作是在东汉帝陵研究课题的统一规划下逐步开展的，近年的考古工作使陵园布局、帝陵地望等问题的研究均取得了重要突破。第一，陵园构成要素和布局模式更加清晰，其构成要素包括封土、地宫、石殿、钟虡、寝殿、园省、园寺吏舍、行马、门阙及祔葬墓等。内陵园基本以封土为中心，封土东侧为石殿、钟虡。内陵园东北为寝殿和园省，应是汉代宫省格局中"殿中"和"省中"在陵园内的模拟，是"陵墓若都邑"的具体体现。寝殿北侧为园寺吏舍，即陵园的管理区。园寺吏舍西侧、外陵园西北部是祔葬墓所在区域。第二，首次发现秦汉时期的钟虡遗址。钟虡是宫殿建筑的重要组成，此前形制不明，本次钟虡的发现为该类建筑的研究提供了重要材料。第三，确认白草坡陵园为东汉桓帝宣陵。柱础石上发现"元嘉二年"（东汉桓帝年号）题记，可体现陵园始建年代上限为桓帝时期，而汉桓帝的宣陵又是洛南东汉陵区年代最晚的一座帝陵，据此可确认陵主为汉桓帝刘志。这也是首次通过考古发掘工作确认东汉帝陵陵主归属，学术意义重大。

（供稿：王咸秋　李继鹏　李勇　何慧芳）

钟虡台基内大型柱础石
Large Column Foundation Stone within the Platform of the Bell Tower

钟虡台基内大型柱础石侧面
Side View of the Large Column Foundation Stone within the Platform of the Bell Tower

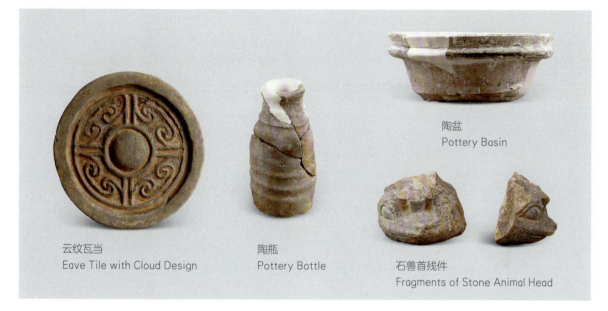

陶盆
Pottery Basin

云纹瓦当
Eave Tile with Cloud Design

陶瓶
Pottery Bottle

石兽首残件
Fragments of Stone Animal Head

The Baicaopo Eastern Han Dynasty Imperial Mausoleum Site is located in Baicaopo Village, Pangcun Town, Luoyang City, Henan Province. It is part of the Eastern Han Dynasty imperial mausoleums in southern Luoyang, covering a total area of approximately 850,000 square meters. From 2017 to the present, partial excavations have been conducted on the remains of the stone hall, bell tower, garden precincts, gates, and roads within the mausoleum, yielding significant results. First, the key components of the mausoleum complex have been identified, including the earth mounds, subterranean palaces, stone hall, bell tower, resting hall, administrative area, garden precincts, temple complexes, wall fortifications, gates and accompanying burials. The inner mausoleum area is centered around the earth mound, with the stone hall and bell tower located to the east of the mound. To the northeast of the inner mausoleum are the resting hall and administrative area. North of the resting hall lies the garden precincts, which served as the management area of the mausoleum. To the west of the garden precinct sand in the northwest of the outer mausoleum area is the accompanying burial zone. Second, the site of the bell tower from the Qin and Han periods was discovered for the first time. Third, the Baicaopo Mausoleum has been confirmed as the Xuanling Mausoleum of Emperor Huan of the Eastern Han Dynasty. This marks the first time that the ownership of an Eastern Han imperial mausoleum has been confirmed through archaeological excavation.

河北临漳邺城遗址
东魏北齐宫城西门

THE WESTERN GATE OF THE EASTERN WEI AND NORTHERN QI PALACE CITY AT THE YECHENG SITE IN LINZHANG, HEBEI

邺城遗址位于河北省邯郸市临漳县西南，是曹魏至北齐六朝故都。1983年起，邺城考古队在此处持续进行了40年的考古发掘工作，取得了一系列重要收获，为邺城遗址平面布局研究积累了重要的基础资料。

为配合邺城大遗址保护及国家考古遗址公园规划与建设，探索东魏北齐邺城宫城区平面布局，2015年起，中国社会科学院考古研究所和河北省文物考古研究院联合组成了邺城考古队，持续对宫城区周边开展了系统考古工作，累计勘探面积约24万平方米，发掘面积约1.2万平方米。

2023年10月至2024年7月，围绕"河北邺城遗址考古发掘与研究"创新课题，以继续探索东魏北齐宫城平面布局为学术目标，邺城考古队结合勘探发现将工作重点集中于宫城西门遗址，合计发掘面积约2500平方米。门址为内收型殿堂式城门，地上部分保存较好，主体由夯土台基、夯土连墙及双阙等组成。

夯土台基平面呈长方形，南北面阔约38、东西进深19.6、残高0.3米。台基上发现3列8排柱础破坏坑及数条夯土隔墙，推测应为面阔七间、进深两间形式的殿堂式城门，础坑间间距不等。面阔方向中门道对应处间距5.5、南北门道间距6

米，余为4.5米，进深方向础坑间距6.6米，中部隔墙宽1.13～1.25米。门址内侧环绕包边沟槽，宽0.22～0.29米。

门址东侧设有三条斜坡慢道，相互间距4.9米。北慢道和中慢道保存较好，三条慢道均分四幅，每幅残存底部碎砖，仅中慢道残存小半块上层铺砖。北慢道总宽5.53、长2.19米，中慢道总宽5.17、长2.23米，南慢道仅存中部地栿槽及铁钉，总宽5.66、长2.21米。门址西侧与慢道对应处有三条砖铺甬道，北甬道宽3.08、中甬道宽3.07、南甬道宽3.03米，甬道间距约7.2米。据柱网结构、门址内外对称分布的三条斜坡慢道及砖铺甬道分析，该门址中部开三门。

门址两翼有夯土连墙与阙台相连，北侧夯土连墙宽1.83、长19米。北侧发现包砖沟槽，宽约0.47米，局部可见残留包砖，一般为地面以下以扁平大砖侧立包壁，其上平砌小砖，包砖外在白灰墙皮上涂抹红彩，夯土连墙南侧仅见在白灰墙皮上涂抹红彩。北侧夯土连墙将门址与北侧阙台连接为一体。

门址外双阙均为平面呈曲尺形的"一母二子"形式，保存较好。北侧阙台母阙呈曲尺形，长10.76～10.86、宽7.83～7.93米，东子阙东西长4.9、南北宽 6.86 米，北子阙南北长 5.2、东西宽 7.01 米。阙台内外均有包砖沟槽，宽 0.33 ~ 0.47 米。北子阙连接北宫墙，北宫墙宽 2.59 米，宫墙内侧残存较好的带红彩墙皮。北侧近探方边发现一条东西向的排水沟穿过夯土宫墙，排水沟宽 1.45 米，底部尚残存铺砖。

南侧阙台与北侧阙台基本对称。母阙长 10.61 ~ 10.99、宽 7.67 ~ 7.89 米，东子阙东西长 5.11、南北宽 7 米，南子阙南北长 4.9、东西宽 6.76 米。阙台外包砖沟槽宽 0.27 ~ 0.5 米。南子阙南侧与南宫墙连接，南宫墙宽约 2.5 米。东子阙与门址间以夯土墙连接，南侧夯土连墙长于北侧，长 31.77、宽 1.83 米。

东南角连墙与角门衔接，角门址保存较好，夯土台基南北长 6.22、东西宽 6 米，其上发现 4 个础坑，中心间距约 4.5 米，中部发现砖铺地栿槽，宽 0.37 米。门址南北两侧均有斜坡慢道，南慢道东西宽 2.86、南北长 1.45 米，北慢道东西残宽 2.5、南北长 1.36 米。

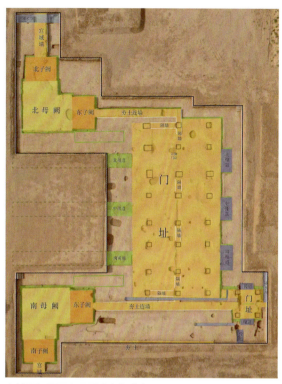

宫城西门平面布局图（上为北）
Layout of the Western Gate of the Palace City (north at the top)

斜坡慢道
Gently Sloping Pathways

门址东侧中慢道
Central Sloping Pathway on the Eastern Side of the Gate Site

门址西侧中甬道
Central Passageway on the Western Side of the Gate Site

北阙台
Northern *Que*-gate

南阙台
Southern *Que*-gate

出土遗物以砖瓦类建筑构件为主，主要有方砖、板瓦、筒瓦、莲花纹瓦当、戳记筒瓦、戳记板瓦、灰陶或釉陶瓦顶帽、兽面瓦等，制作精良、类型丰富，显示出独特的时代特征和较高的建筑等级。门址北侧门洞附近出土的石狮门砧非常重要，不仅是邺城遗址的首次发现，也是目前所知古代城市遗迹中时代最早的实例之一。此外，亦发现较多陶瓷器。

宫城是整个都城的核心所在，不仅是国家礼仪制度的重要载体，也是建筑营造技术彰显之地。2015 年至今，持续近 10 年的考古工作基本厘清了宫城的主要平面结构。东魏北齐邺城的宫城至少由两重宫墙环绕围合而成，宫城内前朝和后寝部分的核心殿址均集中于中轴线之上，其他建筑组群依托中轴线而逐渐铺陈开来。不同于北魏洛阳城受到较多前朝都市形态的影响，东魏北齐邺城的宫城是迄今为止唯一通过考古发掘得到实证的中古时期"先规划、后建设"，且结构单一、布局谨严、功能分区明确的实例。

2023 ~ 2024 年宫城西门的发掘系邺城考古队首次对东魏北齐时期的宫城门址展开的考古工作。该门址平面呈"凹"字形，为内收型殿堂式城门，与北魏洛阳城宫城正门（阊阖门）平面极为相似，仅规模略小，但保存更为完好，平面结构及细部做法更为清晰明确。该门址不仅是邺城遗址首次发现，也是中古时期继北魏洛阳城阊阖门之后再次发现的保存极为完整的宫门遗址。结合文献记载，可初步推测该门址为东魏北齐时期宫城西侧正门"千秋门"遗址。这样的宫门形态对于深入了解东魏北齐邺城宫城布局、宫禁制度乃至中国古代宫城建筑格局和宫门形制演变等均具有重要学术意义。宫门遗址出土的诸多遗物极具特点，石狮门砧、桃心形瓦钉帽等为该门址的建筑复原、重新认识如忻州九原岗北朝壁画墓中发现的"门楼图"等提供了极为重要的实物证据。

东魏北齐时代是中国古代各民族交往、交流、交融的重要历史时期，儒家思想、佛教艺术、外来文化激荡碰撞，邺城宫城西门的考古发现为认识中华民族多元一体、兼收并蓄格局的形成提供了重要佐证。

（供稿：何利群　沈丽华　俞乐琦　郭济桥）

东南角门
Southeast Corner Gate

宫墙上残存带红彩墙皮
Remnants of Red-painted Plaster on the Palace Wall

北侧连墙包砖结构
Brick-clad Wall Structure on the Northern Side

灰坑内筒瓦出土情况
Excavation Context of Semi-cylindrical Tiles in the Ash Pit

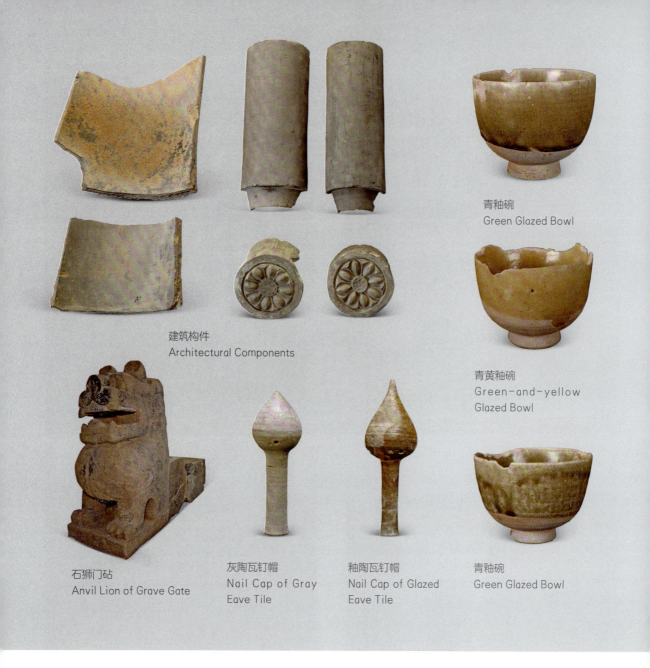

青釉碗
Green Glazed Bowl

青黄釉碗
Green-and-yellow
Glazed Bowl

青釉碗
Green Glazed Bowl

建筑构件
Architectural Components

石狮门砧
Anvil Lion of Grave Gate

灰陶瓦钉帽
Nail Cap of Gray
Eave Tile

釉陶瓦钉帽
Nail Cap of Glazed
Eave Tile

To support the protection of the Yecheng large-scalesite and the planning and construction of the National Archaeological Site Park, as well as to explore the spatial layout of the palace city of Eastern Wei and Northern Qi Yecheng, the Yecheng Archaeological Team has been conducting systematic excavations around the palace city since 2015. From October 2023 to July 2024, the team focused its efforts on the excavation of the western gate site of the palace city.The gate site has a " 凹 "-shaped layout and features a recessed hall-style city gate structure with seven bays in width and two bays in depth, with three gateways in the central section. Outside the gate stood double *Que*-gates, each with an L-shaped plan, consisting of a main tower and two subsidiary towers oriented perpendicularly. A corner gate was located on the southeastern side of the gate site.This gate site is well preserved, structurally intact, and its layout is clearly discernible. Its discovery holds significant academic value for the study of the spatial organization of the Eastern Wei and Northern Qi palace city, the regulations governing palace access, and the evolution of palace city architecture and gate typologies in ancient China.

江苏南京油库公园
孙吴张昭家族墓

ZHANGZHAO FAMILY GRAVEYARD OF SUNWU PERIOD AT THE YOUKU PARK IN NANJING, JIANGSU

2023 年 11 月至 2014 年 12 月，为配合南京市南部新城油库公园建设，经国家文物局批准，南京市考古研究院对项目用地内勘探发现的古代墓葬进行了发掘，共清理汉至清代墓葬 395 座，以明清土坑墓为主，出土瓷器、陶器、铜器、金器等。其中，2024 年发掘的张昭家族墓是本次考古发掘最重要的发现。

张昭家族墓位于油库公园地块内的一处土坡之上，由 8 座砖室墓（自西向东顺序编号为2024NQYM170 ～ 2024NQYM177，以下简称 M170 ～M177）东西并排构成，墓向基本一致，均系土坑砖室结构，规模较小。由于早年基建破坏及后期

盗扰，墓葬均叠压于近现代堆积层下，打破生土。张昭家族墓除 M177 外，均设有明暗沟结合的排水沟，并延伸与 M171 主排水沟相接，形成一套规划有序的地下排水系统。8 座墓虽被盗扰破坏，仍出土了青瓷砚、卣、盏、蛙形水注及金印章、铜弩机等少量遗物。

M170（张昭墓）为带墓道的竖穴土圹砖室墓，主体平面呈"甲"字形，由土圹、砖室、排水沟组成，墓向 17°。

土圹分为墓道及砖室墓圹两部分，总长 8.74 米。墓道平面呈梯形，前窄后宽，残长 5.14、宽 1.46 ～1.7 米，斜坡状，坡度 15°，至封门墙处收为平底，

张昭家族墓航拍
Aerial Photograph
of Zhangzhao Family
Graveyard

M170（张昭墓）全景
Full View of Tomb M170 (the tomb of Zhangzhao)

最深处 2.44 米。砖室墓圹平面呈长方形，长 3.6、宽 2.7、残深 2.44 米。

砖室平面呈"凸"字形，由封门墙、甬道、墓室等部分组成，总长 4.42 米。封门墙分内、外两层，外封门用双排横砖错缝平砌 32 层，高 1.28、厚 0.32 米。内封门砌于甬道内，呈斜"人"字形分层斜向相交砌筑至甬道顶，共 9 层，宽 1.16、高 1.16、厚 0.32 米。

甬道平面呈长方形，券顶，内宽 1.16、进深 0.94、高 1.06 米。两壁砌于平地上，壁厚 0.2 米，底部单砖错缝平砌 2 层，向上砌筑"三顺一丁" 2 组后横向错缝平砌 5 层，其上起券，券高 0.64 米。甬道外侧券顶上部砌"一券一伏"拱形门楣，门楣两侧单砖错缝平砌门墙，与门楣顶部大致等高。甬道底部铺地砖为单层，呈斜"人"字形平铺，嵌于两壁之内。

墓室平面呈长方形，券顶，内长 3、宽 1.8、高 1.7 米。两侧墓壁单砖砌筑"三顺一丁" 3 组后以顺砖错缝平砌 4 层，其上起券，券高 1 米。券顶中前部有一近圆形盗洞，直径约 1.3 米。墓室后壁以单砖砌筑"三顺一丁" 5 组后向上错缝平砌，中部受挤压已倒塌变形。墓底铺砖为单层，嵌于墓壁内，紧贴后壁处为两排错缝横向平铺，其余部分呈斜"人"字形平铺，与甬道铺地砖衔接。铺地砖之上中部东西两侧各设棺座两条，每条长约 0.64、高 0.08 米，均由 2 层平砖对缝平铺而成，每层用砖 2 块。前后两条棺座东侧间距 0.92、西侧间距 1.02 米。

墓砖分长方形砖和楔形砖两种。长方形砖有两种规格，分别为长 32、宽 16、厚 4 厘米和长 30、宽 14.5、厚 3.5 厘米。楔形砖长 32、宽 16、厚 3 ～ 4 厘米，用于甬道、砖室券顶及甬道上方门楣。

排水沟自墓室后壁东南角向外延伸，方向 130°，全长 14.5 米，末端与 M171 排水沟连接。

排水沟由暗沟 3 段、明沟 2 段组成。明暗沟底部均铺设多节子母口陶水管，陶水管长 30、管径 14、子母口处直径 12 厘米。

此墓因盗扰破坏严重，墓底葬具仅发现一块棺板，残长 2.2、宽 0.3、厚 0.06 米。墓主骨骼已腐朽殆尽，葬式不详。墓内仅出土金器、铜器及琉璃器。根据墓葬形制、用砖、出土器物等判断，M170 是一座孙吴时期墓葬。

在 M170 出土器物中，两方金印尤为重要，为确定墓主身份提供了直接证据。金印均为龟纽方座，龟首上翘，龟背中间阴刻六边形龟甲纹，龟甲边缘刻有连珠纹装饰，龟四足作蹼状，印台中间均有凹坑，印面分别錾刻阴文篆字"辅吴将军章""娄侯之印"，印文端庄方正。两方金印制作精美、用料考究，符合汉末至三国时期的官印形制，且两印在大小、纹饰上略有区别，不是为陪葬统一制作的明器，而是墓主生前的实用官印。查阅文献可知，孙吴历史上受封"娄侯"者有张昭、张休（张昭次子）、陆逊等，而拜"辅吴将军"者，仅张昭一人。文献记载，孙权称帝后，张昭"更拜辅吴将军，班亚三司，改封娄侯，食邑万户"。 由此确认，M170 墓主为三国时期孙吴名臣张昭。张昭，字子布，徐州彭城人，一生辅佐孙策、孙权两代吴主，为孙吴政权的建立奠定了基础。

M171 形制、结构、用砖、墓向均与 M170 相似，根据其排水沟被 M170 排水沟打破判断，M171 年代早于 M170，且两者建造时间相距较近。M171 的排水沟自墓后延伸至南部洼地，是张昭家族墓的主排水沟，其他墓葬的排水沟均与主沟相接，并打破主沟。由此可知，M171 是张昭家族墓中时代最早的墓葬，且其身份特殊，可能为张昭的长辈。M171 早年遭盗扰严重，仅出土青瓷罐 1 件。

M172 ~ M177 形制较小，早年均遭破坏，但仍出土了一批制作精美的青瓷器，其中卣、簋、砚、蛙形水注均为同类器中的精品。尤其是 M173 出土的青瓷卣，为仿铜礼器，较为罕见。直口、短颈，折肩，扁垂腹，腹下饱满，圈足外撇，通体呈扁圆形。肩部对称塑有犄角兽首，其上各立一系。器盖外扣于肩部水平处，浅覆盘状，盖纽为一蹲兽，兽身遍布凹点纹。同类器见于安徽马鞍山朱然墓，可见其等级较高。根据墓葬形制、用砖、

M170（张昭墓）墓室
Chamber of Tomb M170 (the tomb of Zhangzhao)

出土器物判断，M172 ~ M177 均为孙吴时期墓葬，但未发现与墓主相关的文字资料，墓主身份不详。

张昭家族墓的一个显著特点，是其规模相对于其身份明显偏小，这种现象可能与张昭的遗令有关。文献记载，张昭临终前"遗令幅巾素棺，敛以时服"，张昭墓规模偏小，应是其后人遵照执行了张昭的遗嘱。而张昭家族的后人亦延续了这一简葬的传统，故墓葬规模均偏小。

张昭家族墓是南京地区继丁奉家族墓后发现的又一孙吴重臣墓地，是孙吴时期墓葬考古的重要发现。张昭家族墓排列有序、方向一致，经严格统一规划，有明暗沟相结合的复杂排水网络，且保存较好，在六朝家族墓葬中较为少见。张昭金印是目前国内首次考古出土的、时代明确的三国时期金质官印，更是确定张昭家族墓的关键物证，为研究三国时期官印形制、职官制度等提供了重要的实物资料。总之，张昭家族墓的发现丰富了南京地区六朝墓葬的研究材料，对深入研究孙吴墓葬分区分期、墓葬演变及丧葬习俗等具有重要的参考价值。

（供稿：朱中秀）

M170（张昭墓）出土金印
Gold Seals Unearthed from Tomb M170
(the tomb of Zhangzhao)

M170（张昭墓）出土金印印面
Inscription on the Gold Seals Unearthed
from Tomb M170 (the tomb of Zhangzhao)

M170（张昭墓）出土铜带钩
Bronze Hook Unearthed from Tomb
M170 (the tomb of Zhangzhao)

M170（张昭墓）出土金环
Gold Ring Unearthed from
Tomb M170 (the tomb of
Zhangzhao)

M170（张昭墓）出土金铃
Gold Bell Unearthed from Tomb
M170 (the tomb of Zhangzhao)

M173 出土青瓷卣
Celadon *You* Unearthed from
Tomb M173

M172 出土青瓷簋
Celadon *Gui* Unearthed from
Tomb M172

M174 出土青瓷狮形插器
Celadon Lion-shaped Vessel Unearthed
from Tomb M174

M174 出土青瓷砚
Celadon Inkstone Unearthed from
Tomb M174

M174 出土青瓷洗
Celadon Brush Washer Unearthed
from Tomb M174

M177 出土青瓷蛙形水注
Celadon Frog-shaped *Zhu* Unearthed
from Tomb M177

In 2024, the Nanjing Municipal Institute of Archaeology excavated eight brickchambered tombs from the Sunwu period at the Youku Park in the Nanjing Southern New City area, Jiangsu Province. The tombs are arranged in a row from west to east with a generally consistent orientation. All are of earthen pit brickchambered construction, relatively small in scale, share similar structural characteristics, and a systematically planned underground drainage system, suggesting that these tombs belonged to the same family. Although all the tombs had been subjected to looting in earlier times, artifacts such as celadon inkstone, *You*, saucer, frog-shaped *Zhu*, gold seals, and bronze crossbow mechanism were still recovered. Based on characters of gold seal "Fuwu Jiangju Yin" and "Louhou Zhi Yin", as well as the tomb structure, brickwork, burial goods, and historical literature, M170 has been identified as the tomb of Zhangzhao, a high-ranking official of Sun Wu. The remaining seven tombs are considered to belong to members of the Zhangzhao family.

新疆吐鲁番
巴达木东墓群

BADAMU EAST CEMETERY IN TURPAN, XINJIANG

巴达木东墓群位于新疆维吾尔自治区吐鲁番市火焰山镇巴达木村东南2千米，西距吐鲁番市45千米，东距鄯善吐峪沟石窟9.5千米，北面正对火焰山。2024年4～11月，经国家文物局批准，新疆维吾尔自治区文物考古研究所联合吐鲁番学研究院，对巴达木东墓群区域内7座墓葬进行了考古发掘，出土各类器物270余件（组）。其中十六国墓葬4座、唐代墓葬3座，均开口于耕土层下0.3～0.5米，墓圹上部均已被破坏，墓室顶部均已坍塌。

十六国墓葬主体年代为北凉时期，墓圹均为东西向，两两相近且平行分布。墓葬形制为长斜坡墓道土洞墓，平面呈"甲"字形，长11～16、深3.5～4.5米。墓道为阶梯状，三或四级，前段平缓，后段陡峭。墓门为土坯对缝平砌，土坯长40、宽20、厚10厘米。部分墓葬有壁龛，其内放置彩绘木俑，保存较差。两座墓葬东壁保存有长条形壁画，漫漶不清，依稀可辨鹳鸟、骆驼等。墓内以多人合葬为主，多为一次葬，少部分为多次葬。墓中出土人骨2～4具，既有一男

M16（唐代）
Tomb M16 (Tang Dynasty)

李重晖墓志拓片（唐代）
Rubbing of Li Chonghui's Epitaph (Tang Dynasty)

一女、一男三女，也有二男一女和三个男性。墓主头向东，仰身直肢葬，多数木棺已腐朽，仅留板灰痕迹，流行在木棺上铺设苇席或草席。M17 中三个陶罐内分别插一根木棍，这种现象未见于其他地区，应是本地特有的葬俗。随葬器物以陶器为大宗，每座墓葬出土 16～19 件。陶器多放置于墓室西壁两侧，组合相对固定，多为瓮、罐、盆、盘、灯、瓶、甑、碗等，其中，四件陶器墨书"面汲""米汲""干面"。部分墓葬出土石纺轮、银指环、云母片、铜簪、五铢钱等。十六国时期墓葬普遍规模较大，墓主应为当地庶族地主或部族的大姓。陶器组合与河西地区十六国墓葬相似，但器物形制和工艺有较大差异。未发现河西地区流行的灶、仓、樽等陶器，但墓主头部放置陶斗瓶的做法显然受到了河西地区的影响。

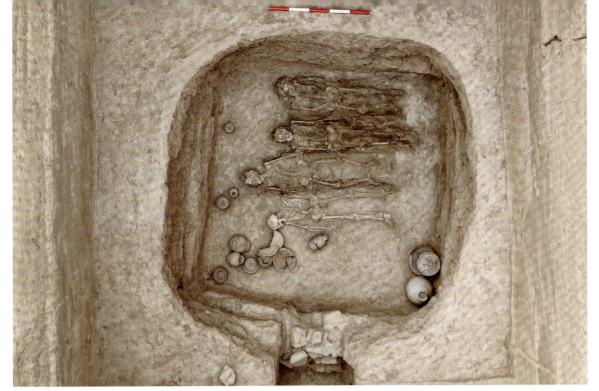

M14 墓室（十六国）
Burial Chamber of Tomb M14 (Sixteen Kingdoms)

M17 棺床（十六国）
Coffin Bed of Tomb M17 (Sixteen Kingdoms)

M18（十六国）
Tomb M18 (Sixteen Kingdoms)

　　唐代墓葬均为长斜坡墓道土洞墓，坐北朝南，平面呈刀形，由墓道、封门、过洞、甬道、耳室、墓室（M16 为单天井双室墓）组成，长 15 ～ 26、深 3.8 ～ 7.3 米。墓内以单人葬为主，亦见双人合葬，墓主多头向西，葬式为仰身直肢葬。墓室内均留生土二层台，其上放置木棺，多数棺木已腐朽，残存木棺痕迹。墓主多口含或手握珠、玉、铜钱。M12 墓室一分为二，西侧留有生土二层台，台上横铺 6 根地栿，其上铺木板，木板之上陈放两具人骨，未见葬具。墓室三面用木板装饰，木板高 0.4 米。木板上有两处脱落大量银平脱装饰

箔片，箔片上錾刻花卉、乐舞、飞禽猛兽等，似为园宅下帐。此种墓内陈设属新疆地区首次发现。

　　唐代墓葬出土器物 132 件（组），以彩绘陶俑为主，包括镇墓兽、武士俑、生肖俑、文吏俑、仕女俑及马、牛、羊等动物，多放置于东西耳室内。另有金银平脱花鸟纹铜镜、银平脱花卉纹蚌盒、银平脱葵形漆盒、白釉碗、绿釉三系壶、青釉四系罐、骨骰子、玉开元通宝、铜下颌托等，均属新疆地区首次发现。

　　M16 出土墓志一合，志盖为盝顶形，四刹绘有祥云图案；志石为方形，边长 60、厚 13 厘米，

阴刻楷书 19 行 580 字，首题"唐故西州都督府长史朝散大夫太子中允陇西李公墓志铭并序"。墓主为李重晖，卒于唐德宗贞元五年（789 年）十二月初九日，历官四任，"瓜州都督府户曹参军、西州都督府交河县令、西州都督府录事参军、西州都督府长史"。夫人为"洛南县君城南杜氏"，长子为"摄长史兼知长行、朝请大夫试太常丞"，季子为"朝散郎守咨议参军"。李重晖为关陇贵族，其家族成员在唐代政坛上十分显赫。

本次发掘是该墓群范围内清理墓葬最多、规模最大、出土器物最为丰富的一次考古工作，这批唐墓的发现，填补了新疆地区唐代丧葬习俗的空白，反映出唐代经济社会的高度繁荣，重现了西州作为丝路中心城市的贸易功能。该批墓葬既有共性也有个性，出现了少见的园宅下帐等"围塌"现象，并出土有铜下颌托、绿釉三系壶等器物，初步判断可能和粟特人有关。这些胡商来到西州定居，并获得朝廷重用，在丧葬习俗上承袭了唐代礼制，也保留了自身的一些特点，反映了不同人群间的交流、交往与交融，实证了多元一体的民族融合。

（供稿：尚玉平）

玉开元通宝（唐代）
Jade *Kaiyuan Tongbao* (Tang Dynasty)

六瓣团花纹鎏金银粉盒（唐代）
Gilt Silver Box with Pattern of Floral (Tang Dynasty)

骨骰子（唐代）
Bone Dices (Tang Dynasty)

突骑施钱币（唐代）
Turgesh Coins (Tang Dynasty)

萨珊卑路斯银币（唐代）
Pirooz Sliver Coin of Sasanid Empire (Tang Dynasty)

玉簪（唐代）
Jade Hairpin (Tang Dynasty)

银箔片（唐代）
Silver Foil Pieces (Tang Dynasty)

铜下颌托（唐代）
Bronze Chin Rest (Tang Dynasty)

镶绿松石金花钿（唐代）
Gold *Huadian* Inlaid with Turquoise (Tang Dynasty)

白釉碗（唐代）
White Porcelain Bowl (Tang Dynasty)

陶武士俑（唐代）
Pottery Warrior Figurine
(Tang Dynasty)

陶武士俑（唐代）
Pottery Warrior Figurine
(Tang Dynasty)

陶生肖马（唐代）
Pottery Horse Figurine
(Tang Dynasty)

陶生肖鸡（唐代）
Pottery Rooster Figurine
(Tang Dynasty)

陶跪拜俑（唐代）
Pottery Kneeling Figurine
(Tang Dynasty)

绿釉三系壶（唐代）
Three-lug Green-glazed
Pot (Tang Dynasty)

陶仪鱼（唐代）
Pottery *Yiyu* (Tang Dynasty)

陶镇墓兽（唐代）
Pottery Tomb Guardian
Beast (Tang Dynasty)

陶塔式罐（唐代）
Pottery Pagoda-shaped Jar
(Tang Dynasty)

The Badamu East Cemetery is located 2 kilometers southeast of Badamu Village, Huoyanshan Town, Turpan City, Xinjiang Uygur Autonomous Region. From April to November 2024, with the approval of the National Cultural Heritage Administration, the Xinjiang Institute of Cultural Relics and Archaeology, in collaboration with the Academy Turfanica, conducted an archaeological excavation of seven tombs within the cemetery. These include four tombs from the Sixteen Kingdoms period and three from the Tang Dynasty, yielding over 270 artifacts (sets). The tombs from the Sixteen Kingdoms period are earth pit tombs with long terraced ramp and " 甲 "-shaped ground plan, consisting of tomb passage, sealed door wall, passageway and burial chamber. The primary phase of these tombs dates to the Former Liang State, and the tomb occupants were likely local landed gentry or prominent tribal figures. The Tang Dynasty tombs, in contrast, are long, sloped-passage earthen cave tombs with a knife-shaped ground plan, representing high-status burials from the Tang Xi Prefecture period. Notable finds include gold-and-silver-Pingtuo bronze mirror with floral and bird design, three-lug green-glazed pot, and a bronze chin rest—artifacts that are the first of their kind discovered in Xinjiang.

湖南衡阳白沙窑遗址
2023～2024 年发掘收获

EXCAVATION RESULTS OF BAISHA KILN SITE IN HENGYANG, HUNAN IN 2023-2024

白沙窑遗址位于湖南省衡阳市雁峰区黄茶岭街道白沙村东 2 公里，北距衡阳窑 20 余公里。窑址分布在湘江西侧长约 466、宽约 270 米的狭长堤岸上，面积约 11.5 万平方米。为配合基本建设，经国家文物局批准，湖南省文物考古研究院等单位于 2023 年 8 月至 2024 年 12 月在遗址 5 号窑包附近进行了抢救性发掘，发掘面积 2200 平方米，揭露龙窑 5 座（编号 Y12～Y16）、作坊区 1 处，另有性质尚不甚明确的灰沟 3 条、灰坑 5 个，出土了大量遗物。

5 座龙窑均近东西向，面朝湘江，残存窑床、窑壁、火膛等部分，Y12、Y13、Y15 与 Y16 位于发掘区南部，Y14 位于发掘区北部，中间有一可

Y14 窑床烧结面分层情况
Stratification of the Burnt Facets of Y14 Kiln Bed

能为当时挖瓷泥形成的水塘。Y12 与 Y13、Y15 与 Y16 存在错位叠压关系，Y12 错位叠压于 Y13 之上，Y15 错位叠压于 Y16 之上。除 Y16 为半地穴式斜坡状龙窑外，其余 4 座窑炉均为斜坡状龙窑。

Y12 错位叠压于 Y13 之上，方向 78°，残存窑床和窑壁，根据走向可知，火膛和窑头被压于防洪堤下。窑床建于窑业废弃堆积之上，平面呈长条形，斜残长 19.3、水平残长 18.8、宽 2.7～2.9 米，前宽后窄。窑床坡度约 11°，可见青灰色烧结面，烧结层厚 0.02～0.08 米。窑壁以窑砖错缝抹泥垒砌，残高 0.2～0.78 米，厚薄不一，厚者 0.1～0.17 米，内壁可见青灰色烧结面。

Y13 被 Y12 错位叠压，方向 75°，北部建于生土之上，南部建于窑业废弃堆积之上，残存窑前工作面、火膛、窑床和窑壁。火膛以东为窑前工作面，东西长约 2.5 米，以红烧土为平台，其上有厚约 0.05 米的炭屑。火膛建于生土之上，平面呈横长方形，南北长约 3.14、东西宽约 1 米。火膛底近平，可见一层薄薄的灰烬，其下为炭屑。火膛西壁以砖抹泥砌筑。窑床平面呈长条形，斜残长 18.5、水平残长 17.6、宽约 2.8 米。坡度不一，窑头及中后段较陡，坡度约 12°，中部较缓，坡度低至约 6°。大部分区域可见青灰色烧结面，厚 0.03～0.05 米。窑顶坍塌，窑壁以砖横竖交错用泥砌筑，窑砖大小不一，残高 0.05～0.72 米。北壁残存 8 个投柴孔，间距约 1.5 米，南壁不见投柴孔。

Y14 方向 88°，残存部分火膛、窑床和窑壁，部分火膛及窑头区域压于防洪堤下。火膛建于生土

之上，残存部分平面呈长方形，南北长约2.9、东西宽约0.9米。火膛西壁高0.26米，不见烧结面。窑床建于生土之上，平面呈长条形，中间窄、两端宽，斜残长34.3、水平残长27.9、宽2.7～3米，表面铺有细沙，细沙之上多为匣钵和瓷器残片。窑床在距TG3西侧约2.8米处被一现代坟打破，从其断面可见5层烧结面。由此可知，窑床经历了多次抬升。窑顶坍塌，从残存窑壁来看，南北壁皆以匣钵抹泥垒砌，匣钵摆放无明显规律，残高0.62～0.75米。窑壁内侧偶见烧结面，北壁保存较好。

Y15位于Y13北侧，错位叠压于Y16之上，方向71°，残存火膛、窑床和窑壁。火膛建于生土之上，平面呈横长方形，南北长3.1、东西宽0.6～0.7米。火膛侧壁以匣钵抹泥垒砌，西壁亦以匣钵抹泥垒砌。窑床建于窑业废弃堆积之上，平面呈长条形，斜残长22.7、水平残长19.4、宽约2.9米，坡度约10°。窑壁以黏土抹砌为主，局部以黏土和窑业堆积混合砌筑，亦见砖砌和匣钵垒砌，残高0.1～0.76、厚约0.05米。窑壁内侧鲜见青灰色烧结硬面。

Y16被Y15错位叠压，为半地穴式长斜坡状龙窑，方向77°，残存火膛、窑床和窑壁。火膛建于生土之上，平面呈横长方形，南北长3.1、东西宽1米。火膛西壁以砖砌筑，残高0.36～0.68、厚0.12～0.14米。窑床建于生土之上，平面呈长条形，斜残长20.3、水平残长19.8、宽2.8～3.26米，前宽后窄。窑床绝大部分区域可见青灰色烧结硬面，部分区域见有多次修补痕迹。窑壁以砖砌筑，内壁抹泥，北壁保存状况较差，南壁保存较好，残高0.05～1.35、厚0.2～0.42米。窑壁内侧可见青灰色烧结面和大量烧瘤。南壁残存10个投柴孔，间距1.5～2.1米，北壁投柴孔不清晰。

作坊区位于发掘区西南部，代表性遗迹有H7和C1。H7位于TN15E21东南角，开口于第①层下，打破生土。平面近长方形，呈东南—西北向，长2.3、宽0.9～1.1米，口大底小，东南部深、西北部浅，坑底斜平，深0.15～0.5米。坑内以灰黑色填土为主，包含物较少，仅可辨瓷盏、匣钵各1件。坑底见有一大片草木灰，平面呈长方形，疑为制釉原料。C1位于TN15E21西南部，开口于第①层下，打破生土，其西侧被H8打破。平面呈椭圆形，长径4、短径3.7米，口大底小，壁面斜直，底部平坦，深0.26米。池内以灰褐色

Y14
Kiln Y14

Y16
Kiln Y16

填土为主，包含物较多，器物可辨器类有碗、盘、盏、罐、双口坛、壶等。池底可见米白色黏土，土质细腻，黏性较强，推测可能为储泥池。

本次发掘出土了大量遗物，种类丰富，主要包括瓷器、窑具、制瓷工具等。其中，瓷器以白沙窑产品为大宗，另有极少量其他窑口产品。白沙窑产品均为青瓷器，器类有碗、盘、碟、盏、盅、杯、罐、执壶、灯、盏托、钵、炉、器盖、缸等，以碗为大宗。产品胎色多呈灰色，亦有红褐色。釉色以青绿色居多，少量呈青黄色，大部分器物施釉近足或及足，极少数器物内外施满釉，

Y16 投柴孔
Firewood Stoking Hole of Kiln Y16

C1
Pond C1

H7 底部草木灰
Plant Ash at the Bottom of Ash Pit H7

釉面有开片且玻璃质感较强，釉层均匀。多素面，亦见刻划、模印、浅浮雕等装饰手法，其中模印文字有"胜""万岁"等。

成型工艺上，白沙窑产品基本为拉坯成型，结合器物底部圈足印痕和脱落的圈足可知，白沙窑大部分器物的圈足采用胎接方式。产品特征上，Y16 的产品胎质细腻，胎体轻薄，釉质莹润，不施化妆土，而 Y12～Y15 的产品胎质相对粗糙，生烧现象较多，多施化妆土。装饰手法上，见有胎装饰和釉装饰两种，胎装饰主要有刻划、模印、捏塑、浅浮雕等，釉装饰主要表现为以釉色取胜，青釉釉面碧绿，玻璃质感强。装烧工艺上，产品采用筒形匣钵仰烧法摆烧，以垫圈、乳丁垫圈或托珠间隔，其中乳丁垫圈满釉支烧法尤为值得注意。

其他窑口产品主要有白瓷、酱釉瓷等，可辨器形有碗、盏托等。

窑具主要有直筒形匣钵、匣钵盖、垫钵、垫柱、垫圈、垫饼、垫片、泥条、托珠、火照、釉照等。

制瓷工具有印模、荡箍、碾槽、擂棒、擂钵等。

通过本次考古发掘，我们取得了以下认识与收获。第一，从地层关系和产品内涵可知，白沙窑的盛烧年代为五代至北宋早期，产品属于衡州窑系。其中 Y16 的年代为五代，或可早至晚唐时期。此次发掘首次揭示了衡州窑窑炉结构的内部差异，并在究明其相对早晚的基础上，构建了完整的演变序列，相关认识有助于深化衡州窑的整体研究。第二，五座窑炉中，Y13 和 Y16 的投柴孔痕迹较为清晰，分布相对均匀且集中，多孔投柴可为窑炉内提供均匀的窑温，这正是其烧制高质量青瓷的重要技术保障之一，为研究五代至北宋时期湖南龙窑窑炉结构等提供了重要资料。第三，首次在窑址中发现了"万岁"款等衡州窑精品瓷器，部分采用满釉支烧，不仅证实了衡州窑烧造贡瓷的传统认识，更丰富了白沙窑的历史内涵。第四，此次发掘首次在衡州窑系窑址中辨识出"釉照"，是继巩义黄冶窑唐代早期釉照之后此类器物的又一次发现，其做法与南宋澜溪窑釉照、景德镇清代釉照、醴陵当代五彩瓷试釉照高度相似，为研究中国古代瓷器控釉呈色技术及火照的源流等提供了新材料。

（供稿：杨宁波　许英　樊璎玲　张科）

"万岁" 款青瓷碗
Celadon Bowl with Characters "Wansui"

青瓷杯
Celadon Cup

青瓷盘
Celadon Plate

青瓷执壶
Celadon Ewer

荡箍
Ceramic Wheel

火照
Huozhao (fire tester)

釉照
Youzhao (glaze tester)

The Baisha Kiln Site is located 2 kilometers east of Baisha Village, Huangchaling Subdistrict, Yanfeng District, Hengyang City, Hunan Province, and lies more than 20 kilometers north of the Hengyang Kiln. This site, dating from the Five Dynasties period to the early Northern Song Dynasty, is a celadon kiln site. From 2023 to 2024, the Hunan Provincial Institute of Cultural Relics and Archaeology, along with other institutions, conducted a rescue excavation at the site, uncovering five dragon kilns and associated porcelain-making workshops, yielding a substantial number of artifacts. The five dragon kilns are densely distributed, with many exhibiting misaligned and overlapping stratigraphic relationships. These findings provide critical data for reconstructing the product development sequence of the Hengzhou Kiln from the Five Dynasties period to the early Northern Song Dynasty. Notably, this excavation yielded the first-ever discovery of celadon vessels bearing the inscription "Wansui" at the site of Hengzhou Kiln type, confirming that the Baisha Kiln, as part of the Hengzhou Kiln system, produced tribute porcelain for the Machu regime during the Five Dynasties period. Additionally, among the excavated artifacts, *youzhao* (glaze tester) were identified for the first time of the Hengzhou Kiln system, offering new material evidence for the study of early *huozhao* (fire tester) technology in China.

北京金中都端礼门遗址 2024 年发掘收获

EXCAVATION RESULTS OF DUANLI GATE SITE OF THE CENTRAL CAPITAL OF JIN DYNASTY IN BEIJING IN 2024

金中都是北京建都之始，始自金帝完颜亮贞元元年（1153 年）。金中都遗址位于北京市西南部，主要区域横跨西城区和丰台区，是一处由外城、皇城、宫城三城相套而成的都城遗址，占地面积约 25 平方公里。2024 年 4 ~ 10 月，为配合基本建设，北京市考古研究院对位于丰台区万泉寺村北、骆驼湾街以南的金中都外城西南城门端礼门遗址开展了考古发掘，发掘面积 4000 平方米。较为重要的发现是金中都外城相关遗迹 13 处，包括城墙、城门、瓮城、马面、护城河、顺城道路、门内大街、道路路沟、城外排水沟等。

根据土质土色及包含物，本次发掘区内地层堆积可分为 5 层。

第①层：近现代层，厚 0.85 ~ 2.6 米。包含大量生活炉渣、炭灰、红烧土、白灰颗粒等，出土现代残碎瓷片及古代砖、瓦片等。

西墩台　　　　门道　　　　东墩台

城门址全景（南—北）
Full View of the City Gate Site (S-N)

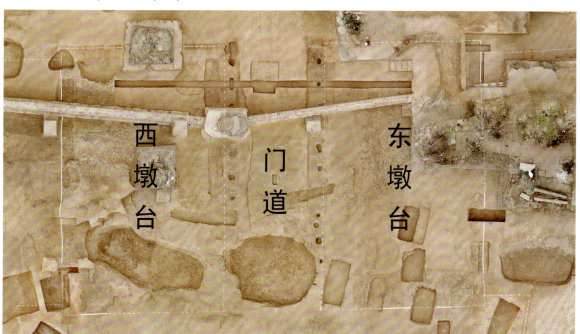

西墩台　　门道　　东墩台

城门址俯视图
Overhead View of the City Gate Site

城门址东墩台东南角（东南—西北）
Southeastern Corner of the Eastern Bastion of the City
Gate (S-N)

门道车辙（北—南）
Wheel Ruts in the Gate Passage (N-S)

瓮城东墙（南一北）
Eastern Wall of the Wengcheng (S-N)

城墙剖面局部
Section of the City Wall (partial)

城墙剖面局部
Scetion of the City Wall (partial)

第②层：清代地层，厚 0～0.92 米。黄褐色土，土质较致密，包含少量炭灰、红烧土、白灰颗粒，出土残碎青花瓷片、青砖残块等。

第③层：元代地层，厚 0.1～0.85 米。灰褐色土，土质稍硬，包含少量炭灰、白灰、红烧土颗粒等，出土残碎砖块、瓦片及少量残碎白瓷片、青瓷片等。

第④层：唐至辽代地层，厚 0.3～0.45 米，可分为④a 和④b 层。④a 层为黄褐色土，土质松软，较纯净，包含少量炭灰、白灰颗粒，出土残碎砖瓦片、布纹板瓦碎片及少量残碎白瓷片等。④b 层为深褐色胶泥层，土质较致密且黏性较大，包含少量灰渣、白灰颗粒，土质较纯净，出土残碎砖瓦片、布纹板瓦碎片等。

第⑤层：汉代地层，厚 0.1～1.35 米。黄褐色沙土，土质较松软，包含少量炭灰、白灰颗粒等，出土少量残碎陶片等。

本次考古发现的金中都外城相关遗迹均叠压于第③层下，起建于第④层上。

城门由东、西两侧墩台和中心单门道遗迹组成，东西总面阔 30、南北进深 18 米。其中，东、西两侧墩台面阔各约 12 米，基部均铺设 3 层较为平整的垫砖，每层砖厚约 6 厘米，垫砖之间以夯土夯筑，厚约 0.1 米，垫砖之上为夯土台基，残高约 0.8 米。中心门道东西宽约 6 米，门道正中残存有将军石基础，路面见有数条清晰的南北向车辙，北侧发现有疑似马蹄印痕迹。

在城门外南侧发现瓮城，平面呈马蹄形。瓮城墙宽约 19 米，瓮城内东西最长 39、南北最宽 28 米，瓮城墙南侧正中遭到晚期破坏较为严重，未见夯土遗迹，初步推测该处可能是瓮城门豁口所在位置。在瓮城内东侧发现踩踏活动面，路土较厚，车辙明显，体现了当时瓮城内的车辆往来与人类活动的情况。

本次新发现 4 处南城墙遗迹，基部最宽处 23.5 米，残存最高处约 2.5 米。因城墙正处于早期废弃的河道之上，基部挖就了规整的基槽，深 0.8 米，基槽内用碎砖、石块与夯土逐层夯垫。此外还用规格不同、长短不一的木桩对墙体基础进行了加固，这些木桩向下插入基槽，向上伸入墙体，起到地钉和永定柱的双重稳固作用，这些结构补充了以往对金中都城墙工程做法的认识。

在南城墙外侧新发现马面遗迹 1 处，西距城门约 80 米，与城门形成攻守互补。这处马面遗迹仅存东半部，见有明显的后期拓筑迹象，拓筑后的马面东西残面阔 8、南北进深 13 米。

瓮城西南侧约 12 米处发现护城河遗迹 1 处，深约 2 米，近西北—东南走向，基本与瓮城墙平行。

此外，南城墙内侧发现了与城墙相平行的顺城道路遗迹，宽约 11 米，路土堆积较厚，分为早、晚两期，东西向车辙深而密集，在其中一处顺城道路北侧发现路沟遗迹，宽 2.3 米，路沟内堆放排列较为整齐的石礌等作战工具，反映了当时城墙内外作战的情形。

在城门北侧发现门内大街遗迹，垂直于城墙，南北向，宽 19.5 米，向南与城门门道相通。门内大街路土堆积保存较好，道路中部的车辙较为密集。在道路西侧也发现有路沟遗迹，东侧未见路沟。

据 20 世纪 50 年代的调查，金中都外城南城墙东西长约 4500 米。本次发现的城门遗址西距金中都外城西南拐角 1000 米，据南城墙上三座城门的分布情况，此处城门址当是南城墙上最西侧的城门。据《金史·地理志》《析津志》《金房图经》《大金国志》中对金中都外城城门的记载，南垣西门为端礼门，为本次发掘的城门址确认找到了依据。

金中都城是在辽南京城的基础上改、扩建而成的。关于扩建的外城墙与城门，文献中有"诏广燕城""广燕京城""金天德三年增展都城""天德三年作新大邑""督燕都十三门之役"等记载，营建工程从天德二年（1150 年）征调工匠开始，至贞元三年（1155 年）基本告一段落，前后用时五六年。外城新扩建的西、南城墙及城门当是在这一时期内完成，其中主要工程可能在天德三年（1151 年）进行，端礼门的营建也当在此时。

金中都城是仿照中原式都城——北宋东京城改、扩建而成，外城四面城门分别有施仁门、彰义门、端礼门、崇智门，体现了儒家思想"仁义礼智"的核心内涵。本次考古工作确认了金中都端礼门面阔五间、进深三间、单门道、过梁式的门楼结构。这是首次对金中都城门址进行的正式考古发掘工作，也是罕见的金中都保存结构清楚的大型建筑基址，为探讨金中都城市防御体系提供了重要资料，为金中都的布局研究提供了新的坐标点。

（供稿：丁利娜）

瓷盘
Porcelain Dish

"官"字款砖
Brick with Character "Guan"

兽面纹瓦当
Eave Tile with Beast Mask Design

马面遗迹东南转角（南—北）
Southeastern Corner of the Mamian Remains (S-N)

顺城道路及路沟（西—东）
Shuncheng Road and Roadside Drainage Ditch (W-E)

路沟出土石礌
Stone Bullets Unearthed from Roadside Drainage Ditch

门内大街遗迹（东北—西南）
Main Street Inside the Gate (NE-SW)

The central capital of Jin Dynasty was established in the first year of the Zhenyuan Reign (1153) by Emperor Wanyan Liang. The site, located in the southwestern part of Beijing, was a capital city composed of three nested enclosures: the Outer City, the Imperial City, and the Palace City, covering an area of approximately 25 square kilometers. From April to October 2024, in coordination with urban development projects, the Beijing Institute of Archaeology conducted an excavation at the Duanli Gate site, the southwestern gate of the central capital's Outer City. The site is situated north of Wanquansi Village and south of Luotuowan Street in Fengtai District, with an excavated area of 4,000 square meters. A total of 13 features associated with Outer City of central capital of Jin Dynasty were uncovered, including the city walls, city gate, wengcheng, mamian, moat, shuncheng road, main street inside the gate, roadside drainage ditches, and an external drainage channel. Based on architectural reconstructions, Duanli Gate is inferred to have been a five-bay-wide, single-passage gate structure with a over-beam design. This excavation marks the first time that a city gate of central capital has been archaeologically investigated, providing significant new data for the study of urban layout of the central capital.

山西长治陈村
宋金砖雕壁画墓

SONG-JIN DYNASTY TOMBS WITH MURALS AND BRICK RELIEFS IN CHENCUN, CHANGZHI, SHANXI

2024 年 7 ～ 9 月，为配合基本建设，山西省考古研究院在山西省长治市潞州区陈村西北部清理了宋金时期墓葬 9 座。其中，仿木结构壁画墓 4 座（M1 ～ M4），为李氏家族墓葬，仿木结构砖雕墓 1 座（M6），仿木结构砖雕壁画墓 2 座（M5、M8），土洞墓 2 座（M7、M9），出土瓷器、陶器、铜饰、铜钱等器物 51 套（68 件）。

墓葬整体呈南北向分布，M1 ～ M4 集中于发掘区南部，M5 ～ M9 位于发掘区北部，其中 M7 打破 M9。砖室墓整体保存较为完整，仅部分墓顶轻微坍塌。

M1 ～ M4 为仿木结构壁画墓，形制、风格相近，南北向，由竖井墓道、甬道、拱券式墓门和方形墓室组成。墓室每壁面阔一间，北壁中下部为一版门，东西壁各有一（M1）或二（M2、M4）版门，版门后均设盝顶耳室。M3 略有不同，北壁和东西壁为"一门两窗"式格局，即每壁中下部砌一版门，两侧砌对称竖向分栏破子棂窗。墓室四角柱上有柱头铺作，补间铺作每壁 2 朵，均为斗口跳。斗拱上承撩檐枋，其上为檐椽和凹槽式滴水。墓室底部设棺床，呈倒"凹"字形。棺床正中、两侧及部分耳室内散置人骨，大多有火烧痕迹。墓室北壁壁画多为李氏家族成员群像，东西壁绘有孝行图，南壁甬道口两侧多绘劳作图、散乐图、杂剧表演等。M1、M2、M4 墓内有明确纪年，为金皇统六年（1146 年）。

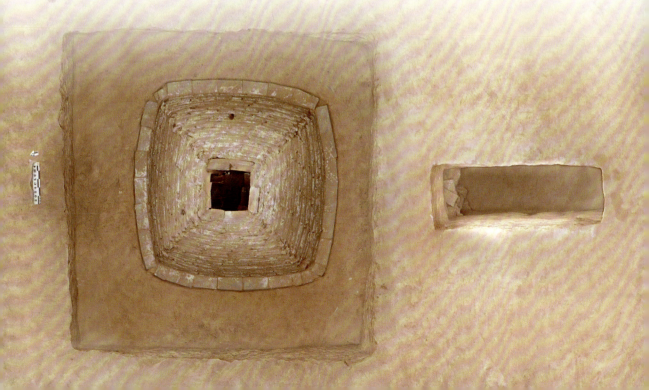

M4 墓室北壁
North Wall of the Tomb M4 Chamber

M4 墓室西壁
West Wall of the Tomb M4 Chamber

M4 墓室东壁
East Wall of the Tomb M4 Chamber

M4 墓室南壁
South Wall of the Tomb M4 Chamber

M4 墓室西壁墨书纪年
Ink-inscribed Date on the West Wall of the Tomb M4 Chamber

M4 墓室北壁和东壁檐瓦之上的器物
Artifacts above the Eave Tiles on the North and East Walls of Tomb M4 Chamber

　　M4 位于发掘区东南，南邻 M3，开口于第②层下，开口距地表 0.3～0.5 米，方向 172°。墓道为竖井式，平面呈长方形，长 2.1、上部宽 0.68～0.78、底部宽 0.6～0.65、深 2.6～2.8 米。斜直壁，坡底，壁面粗糙，无明显加工痕迹。墓道南部东西

两壁有纵向脚窝 4 组，近圆形，宽 0.2～0.24、进深 0.07～0.1、高 0.15～0.2 米。封门由不规则石板和石块砌筑，石块与石板近"人"字形垒叠 5 层，其上由碎砖填充。甬道为拱券式，分两部分，外侧（南侧）为土洞，宽 0.6、进深 0.85、

M8 墓室北壁
North Wall of the Tomb M8 Chamber

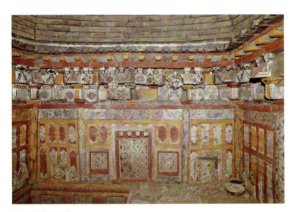

M8 墓室西壁
West Wall of the Tomb M8 Chamber

M8 墓室东壁
East Wall of the Tomb M8 Chamber

M8 墓室北壁西侧砖雕侍宴图
Brick Relief of a Banquet Scene on the West Side of the
North Wall in Tomb M8 Chamber

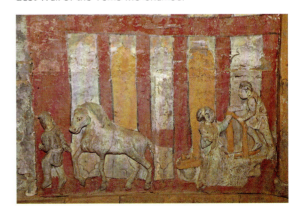

M8 墓室南壁西侧砖雕牵马图和踏碓图
Brick Reliefs of a Horse-leading Scene and a Pestle-
stomping Scene on the West Side of the South Wall in
Tomb M8 Chamber

M6 墓室北壁
North Wall of the Tomb M6 Chamber

高 1.15 米；内侧（北侧）由墓门两侧从下至上以条砖纵向平铺 17 层后起券，宽 0.65、进深 0.62、高 1.17 米。墓圹平面近方形，边长 3.9 米。墓室位于墓圹中部，平面呈方形，边长 2 米，墓底距墓顶 2.7 米。墓顶以平砖叠涩垒砌，四角攒尖。

墓室北壁中下部为一版门，东西壁各有二版门，北壁门宽 0.4、高 0.45 米，东西壁门宽 0.38、高 0.43 米。门额设 4 个方形门簪，每组门簪均为两边大，中间略小。版门后各有一盝顶耳室，宽 0.6～0.65、进深 0.75、高 0.55 米。墓室底部有倒"凹"字形棺床，素面须弥座式，高 0.47 米。北部由条砖纵向平铺，宽 0.75 米，东西两侧以条砖横向平铺，东侧宽 0.66、西侧宽 0.65 米。北壁版门外棺床上散置人骨若干，焚烧痕迹明显，无法确定人数。棺床西侧有一木棺，长 1.9、宽 0.6 米，上覆盖板，盖板下有人骨 1 具，仰身直肢，头向南，面向西，女性，年龄约 25 岁。棺床东侧有一小棺，长 0.8、宽 0.3 米，内有成年个体 2 人，焚烧痕迹明显，叠肢，头向南，性别不详。耳室内未见人骨。

墓室用砖长 31～32、宽 15～16、厚 5 厘米。

墓室四壁以白灰抹面，斗拱以白彩勾边，内填淡红、红两彩。拱眼壁绘土黄色和赭色卷草纹。倚柱、阑额上平涂红彩，帷幔涂黄彩。版门除槫柱和地栿为黑色外，其余全部涂朱。北壁版门东侧绘 9 人，从西向东分别为侍者 2 人及"大婆婆"、孩童"□包"、"孙男成字"、"大爷爷"、"三哥李忠"、"妻子□□"、孩童"男荣安"；西侧绘 9 人，从东向西分别为侍者 1 人、家族女眷

4 人、侍者 3 人、侍女 1 人。西壁以版门为间隔，南北两侧分别绘碾米图、舂米图，其上有明确纪年，"皇统六年十一月廿四日，五玉刷染李存，画匠常美，书字人史夐，供作人周光，年十三岁"。两版门间绘元觉劝父图，北部绘图漫漶不清。东壁以版门为间隔，从北向南分别绘刻木事亲图（榜题"丁兰尅木为娘，孝道之心"）、郭巨埋子图（榜题"郭巨为母埋子""郭巨慈母"），南侧为挑水图。南壁甬道口东侧绘演奏图，西侧为处理事务图。

M4 出土三彩侍女枕、白釉瓜棱罐、白釉碗、谷物罐、铜钱、玛瑙珠等器物 8 件。

M6 位于发掘区北部，东邻 M7、M9，北邻 M8，为仿木结构砖雕墓，由竖穴阶梯式墓道、拱券式墓门和近方形砖室组成，方向 168°。墓室北壁面阔三间，东西壁面阔两间，北壁和东西壁每开间内均有版门。除北壁明间版门后无耳室外，其余版门后均有一盝顶耳室。版门上为阑额、普拍枋，枋上均为柱头铺作。北壁铺作均为单抄单下昂五铺作，出昂式耍头。东西壁铺作均为单抄四铺作，出昂式耍头。斗拱上承撩檐枋，其上为檐椽和合瓦。北壁铺作栌斗为皿斗，且斗欹后半部分未完全卷杀，形制与早期皿斗类似，为墓葬中的首次发现。北壁、东西壁底部壶门格内装饰孝行砖雕，南部甬道口两侧有砖雕侍卫。墓内出土白釉瓜棱罐、白釉碗、谷物罐、铜钗、铜钱等器物 18 件。

M8 位于发掘区北部，南邻 M6，为仿木结构砖雕壁画墓，由竖穴墓道、拱券式墓门和近方形砖室组成，方向 170°。墓室每壁面阔三间，北壁和东西壁均为"一门两窗"式格局，为菱花隔扇门窗。四壁铺作硕大，斜拱华丽且用材较厚。墓室遍饰彩绘，用色和谐明亮。每壁次间下部模印有浮雕孝行图和劳作图，棺床须弥座壶门内饰砖雕神兽。墓内出土墓志、白釉碗、白釉行炉、白釉盏托、陶罐、铜钱、铜钗等器物 11 件。

根据形制、装饰风格和出土器物推测，M6、M8 年代属于宋金时期。

本次发掘，为进一步研究晋东南地区宋金时期的丧葬习俗、社会生活、历史文化、家族变迁等提供了实物资料，也丰富了建筑考古、艺术考古的相关研究素材。

（供稿：王欣）

M6 墓室东壁
East Wall of the Tomb M6 Chamber

M6 墓室北壁栌斗侧面
Side View of the *Ludou* on the North Wall of Tomb M6 Chamber

M6 墓室南壁甬道口东侧砖雕侍卫
Brick-carved Guardian Figure on the East Side of the Passage Entrance of the South Wall in Tomb M6 Chamber

M6 砖雕田真哭荆图
Brick Relief of "Tianzhen Weeping over the Orchid Tree" in Tomb M6

From July to September 2024, the Shanxi Provincial Institute of Archaeology conducted excavations in the northwestern part of Chencun, Luzhou District, Changzhi City, Shanxi Province, uncovering nine tombs dating to the Song-Jin period. Among them were four mural tombs with imitated wood architectural structures (M1-M4), sharing a similar overall style and orderly mural compositions. These tombs belonged to the Li family, with three containing inscriptions dating to the sixth year of the Huangtong reign (1146) of the Jin Dynasty. One tomb (M6) featured a brick-relief structure imitating wood architectural structure, with an architectural detail on the northern wall–*dougong* with *ludou*–where the rear half of the *dou* was incompletely carved, a phenomenon observed for the first time. Two tombs (M5, M8) were mural tombs with brick reliefs and imitated wood architectural structures; among them, M8 was well preserved, featuring large *dougong* in the tomb chamber and richly painted murals on all four walls with harmonious and bright colors. Additionally, two cave tombs (M7, M9) were discovered. This excavation provides valuable material evidence for further research on the funerary customs, social life, and historical culture of the Song-Jin period in southeastern Shanxi.

黑龙江阿城金上京遗址 2024 年发掘收获

EXCAVATION RESULTS OF SHANGJING CITY SITE OF THE JIN DYNASTY IN ACHENG, HEILONGJIANG IN 2024

金上京遗址位于黑龙江省哈尔滨市阿城区南 2 千米，地处阿什河左岸，是金王朝的第一座都城，也是金代早期的政治、经济、文化中心。金上京城由毗连的南、北二城组成，平面近曲尺形。城墙上筑有马面、角楼等，并有多个城门，有的城门外附加有瓮城。两城总周长约 11 千米，总面积约 6.28 平方千米。2013 年以来，黑龙江省文物考古研究所等单位先后对金上京外城城垣、外城门址、皇城及皇城外大街道路开展了系统的考古发掘，并重点对皇城及南城（内城）开展了较为系统的考古勘探，初步了解了皇城的建筑布局、特征和范围。

金上京皇城（即宫城）建于南城内偏西处，勘探确认皇城平面呈长方形，南北长约 649、东西宽约 503 米。在皇城西墙和南墙外，发现有壕沟。在皇城内中部，自南向北有五重建筑基址排列在皇城的南北中轴线上，东西两侧还有回廊基址，东部和西部主要为官署和宗庙区。为进一步了解和明确皇城内建筑单元布局、功能性质及年代沿革等情况，2024 年对皇城中轴线最北端的第五座建筑基址（第五殿址）进行了发掘，发掘面积约 2200 平方米。

第五殿址紧邻中轴线，整体建筑位于中轴线以东，规模较大，由建筑基址、道路、庭院及围墙构成，本次发掘发现金代建筑基址 4 座、道路 3 条、墙基 1 道，完整揭露其中一座规模最大的建筑基址（1 号台基），另外 3 座建筑基址仅揭露一小部分，形制尚不清晰。

1 号台基平面呈"十"字形，由前后抱厦、左右朵殿和中心大殿（主殿）组成，南北长 44、东西宽 42 米，周边有宽 0.6 ~ 0.8 米的青砖包边，包边外围为大范围的方砖铺地。台基从下至上有两层廊道，包含主体台基面在内共三层台基结构。以建筑室内地坪至院落地坪高度计，台基总高为 2.17 米，其中第一层台基面距院落地坪 1.08 米。第一层台基的北、东、西三部分贯通，走向与第二、三层台基一致，至南侧被第二层台基分作东、西两角台。其北侧、西侧、西南角台、东南角台各

第五殿址柱网平面复原图
Reconstructed Pillar Grid Plan of the Fifth Palace Site

主殿（上为北）
Main Hall (north at the top)

设一踏道（东朵殿东侧未完全发掘），与院内道路连通。第二层台基面距院落地坪 1.55 米，在东、西朵殿山面中进，南抱厦第一进东、西两面，以及北抱厦心间的对应位置各设踏道，与第一层台基连通。由踏道垂带尽头相接的方形小础石和若干台基转角附近出土的开有榫口的角石可推知，原第一、二层台基周围皆设石栏杆，在栏杆尽头或转角处置望柱。

1 号台基中部的主殿平面呈方形，其东西、南北两方向柱网配置相同，室内减柱。主殿面阔、进深各 5 间，心间面阔 5.27、次间面阔 3.41、稍间面阔 1.86、通面阔 15.81 米。各面两稍间的内侧柱分别与南北抱厦、东西朵殿檐柱对位。南、北抱厦柱网形制相同，对称分布于主殿南、北两侧。两抱厦皆面阔 3 间、进深 2 间，室内减柱。其心间、次间尺寸与主殿相同，通面阔 12.09 米。以南抱厦为例，自南至北第一进深 7.13、第二进深 3.41、通进深 10.54 米。东、西朵殿柱网形制相同，但东朵殿室内减柱。两朵殿皆面阔 2 间、进深 3 间，各间面阔 4.96、通面阔 9.92 米。两山前进深 3.41、

中进深 5.27、后进深 3.41、通进深 12.09 米。由于内柱仅用础石，其下不施磉墩，且柱坑尺寸小于其他檐柱，推断内柱直径小于檐柱，衬于梁栿之下，起辅助承重作用。台基上的柱网分布清晰明确，布局规整。磉墩边长约 3.2、厚 3.4 米，柱础石边长约 1.4 米，夯土厚 4 米。室内地面为方砖铺地，屋顶大规模使用釉陶瓦及釉陶构件。1 号台基东侧叠压早期廊庑的一小部分，经解剖可知应是在修筑第五殿夯土基础时占压了廊庑的一部分。

台基南侧有一道宽 0.75 米的砖砌隔墙（Q1），将第五殿址与第四殿址分隔开。发掘区西北部揭露出一条青砖铺设的道路（L1），已清理部分东西长 8.3、南北宽 2.56 米。方砖错缝平铺，路两侧斜铺有长条龙纹砖包边。发掘区南部揭露出一条青砖铺设的道路（L2），已清理部分东西长 35.8、南北宽 2.6 米，路北侧局部斜铺有长条龙纹砖包边。

第五殿是皇城中路最后一进院落的主体建筑，整体居于中轴线偏东。从结构上看，此处为一座大型金代楼阁类建筑，等级较高。根据出土的大量被烧焦的构件推测，该建筑应毁于火烧。

台基西侧包砖（北—南）
The Brickwork of the Western Side of the Platform (N-S)

北抱厦夯土东立面（东—西）
Eastern Profile of the Rammed-earth Structure of
the Northern Baosha (E-W)

台基南侧包砖（西—东）
The Brickwork of the Southern Side of the Platform (W-E)

东角台（上为北）
Eastern Corner Platform (north at the top)

西角台（上为北）
Western Corner Platform (north at the top)

出土器物以釉陶建筑构件为主，包括大量砖瓦和装饰性构件，种类丰富，级别较高。另有少量的陶瓷器、金属器和大量铁钉。

第五殿址是金上京皇城中路核心区内首座经系统发掘的大型宫殿建筑遗址。初步复原表明，这是一座位于皇城中路核心区的大型楼阁式建筑，具有多层高台基、用材等级高、重檐屋顶、满覆琉璃瓦等诸多高等级宫殿建筑的形制特征。其室内外铺地、柱网结构、屋面色彩的设计营造严整有序，层次分明，彰显了金代皇家建筑标准化设计的高超水平。主殿用减柱造，营造出大跨度的室内空间，反映了宋金时期楼阁建造技术的

东朵殿东侧踏道（上为西）
Eastern Staircase of the Eastern Duodian (west at the top)

北抱厦北侧踏道（北—南）
Northern Staircase of the Northern Baosha (N–S)

发掘区西南部道路及铺砖（上为北）
Road and Brick Paving in the Southwestern Part of the Excavation Area (north at the top)

发掘区西北部道路及铺砖（上为北）
Road and Brick Paving in the Northwestern Part of the Excavation Area (north at the top)

台基夯土及磉墩解剖沟剖面
Section Trench of the Rammed-earth Platform and Plinth Foundation

成熟与发展，体现了金代高等级皇家建筑独具特色的规划手法与建造逻辑，为考察金代皇家建筑形制特征、建筑技术的发展提供了重要资料。本年度发掘揭示的金上京皇城第五殿址，结构完整，建筑规模宏大，等级较高，是辽金都城考古的重要收获，所获资料对了解金代建筑技术、金代建筑布局等具有重要的学术价值，为全面深化认识金上京皇城布局与沿革增添了重要的考古学材料，将进一步推动金上京都城遗址的考古学研究，并为金上京遗址的有效整体保护提供学术支撑和科学依据。

（供稿：赵永军　刘阳　田申）

鸱吻
Chiwen Dragon Head

龙纹滴水
Drip Tile with Dragon Design

凤鸟
Phoenix

龙纹瓦当
Eave Tile with Dragon Design

龙纹瓦当
Eave Tile with Dragon Design

迦陵频伽
Kalavinka

龙纹砖
Brick with Dragon Design

The Shangjing City Site of Jin Dynasty is located 2 kilometers south of Acheng District, Harbin City, Heilongjiang Province, on the left bank of the Ashi River. It was the first capital of the Jin Dynasty and served as its early political, economic, and cultural center. The Shangjing City consists of two adjacent sections, the Southern city and the Northern city, forming an overall L-shaped layout. The total perimeter measures approximately 11 kilometers, covering an area of about 6.28 square kilometers. The imperial city was constructed within the western part of the Southern city, with a rectangular layout. Along its north–south central axis, five major architectural structures were arranged in sequence. In 2024, the Heilongjiang Institute of Cultural Relics and Archaeology, along with other institutions, conducted excavations at the northernmost structure along this central axis–the fifth building foundation site (the fifth palace site). The excavation covered an area of approximately 2,200 square meters. The structure of the fifth palace site were well preserved, with a grand scale and a high status, offering significant academic value for understanding Jin Dynasty architectural techniques and layout. The findings provide crucial materials for comprehensively studying the layout and development of the imperial city of Shangjing City.

重庆荣昌

清流墓群

M1、M2　M3　M4

QINGLIU CEMETERY IN RONGCHANG, CHONGQING

清流墓群位于重庆市荣昌区清流镇清流街道东南部，地处 S446 省道东南坡地的中下部，隔清流河与四川省内江市相望。2023 年 11 月，施工单位在工程建设时发现了 4 座宋代墓葬；2023 年 12 月至 2024 年 5 月，经国家文物局批准，重庆市文物考古研究院对涉及区域开展了勘探和考古发掘。在长约 300、宽约 100 米的范围内，共发现 11 座规模与形制相仿的石室墓，分布密集，本次考古工作清理了其中的 4 座北宋中晚期墓葬。

墓葬均位于山脊延伸线前端，朝向清流河，东西向排列，长辈居北、晚辈居南，夫妻合葬墓中男左女右。墓葬均由封土、墓圹、墓道、墓室、排水沟五部分组成，墓室长 6.7～8.1、宽 4.1～4.6、高 4.8～5.3 米，体量巨大。M1、M2 为同坟异穴夫妻合葬墓，两墓共用一个封土冢，但在两个不同的墓圹内分别营建墓室，M3、M4 为单室墓。墓葬均由石材砌筑，墓室构件以大型石料加工而成，体量巨大。墓室内左右两侧对称分布有高大立柱，柱面经过精心磨制，平整、光滑。墓室内有须弥座式棺床，其下有高浮雕的半身像抬棺力士，力士身着甲胄，双手上举托棺床，下半身没入地下，上枋和下枋多饰卷草和花卉图案，卷草宽大舒展，花卉可见莲瓣宽大、瓣尖装饰如意云头纹的覆莲以及简单线刻的宝相花。墓室内雕刻精美，装饰题材主要包括花草、瑞兽、启门图、武士、仿木结构建筑等，主要装饰于横梁、过梁、后龛和墓门等处，其中花卉可见菊花、牡丹花、莲花、宝相花等，反映了时人的审美趣味。仿木

结构建筑主要施于后龛和立柱，包括栌斗、绰幕枋、阑额、雀替等。根据石块上残留的加工痕迹，可知其经历了打剥、粗搏、细漉、扁棱、斫砟和磨砻等程序，展现了全链条石料加工次序；铺地、立柱、起壁、底部空间围合、架梁、掩边和盖顶等均展示了科学巧妙的石料起重方法；石活构件尺寸精密，榫卯扣合，结构稳固。

M1 的墓室左右两侧壁和立柱上绘有壁画。左右侧壁题材主要为人物出行，均分为前后两幅。右侧壁前部绘二人二马，二马一前一后，体格健

M1、M2
Tombs M1 and M2

M2 墓室
Burial chamber of Tomb M2

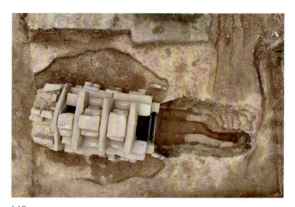

M3
Tomb M3

M4 墓室
Burial chamber of Tomb M4

M1 棺床西面雕刻
Carvings of Western Coffin Bed of Tomb M1

壮，二人立于后马左右两侧作并排行走交谈状；人物头戴黑色幞头，身穿红色圆领开胯袍服，下身穿窄腿裤，束腰带。右侧壁后部绘二人分立左右两侧作并排行走；人物头戴黑色幞头，身穿红色圆领窄袖袍服，下身似着裤，双手于胸前执长柄状物。左侧壁前部绘二人作前后行走状；人物头戴黑色幞头，身穿圆领窄袖袍服，腰束带，双手捧物并执一骨朵。左侧壁后部绘二人作前后行走状，人物头戴黑色幞头，身穿圆领窄袖袍服，手持有物。靠近墓门的两根立柱绘四爪蟠龙，龙首在上，双目圆睁望向墓门，身体呈连续的竖 S 形，龙身周围环绕云纹。其余立柱上部用红、白彩绘祥云，下部用红、白、黄彩绘栏楯等图案。壁画题材与北方宋辽金墓葬壁画题材相近，人物刻画却更为细腻写实，初步判断其可能受到了北方墓葬装饰习俗的影响。

出土墓志 3 方，志文共计 2000 余字。墓志记载了墓主身份、下葬年代、家族历史和任职履历等信息。M1 墓主为郑咸，生于景德四年（1007 年），葬于熙宁七年（1074 年），享年六十七岁。M2 墓主为郑咸之妻汝氏，生于景德三年（1006 年），葬于熙宁八年（1075 年），享年六十九岁，熙宁十年（1077 年）迁葬于此，与郑咸合葬。M3 墓主为郑咸与汝氏的长子郑颙，生年不知，卒于元祐三年（1088 年），享年六十一岁，曾任合州、涪州、遂州知州及果州军州。墓志内容丰富，可复原郑氏家族八代人的谱系关系及郑咸、郑颙等人的科举、官职、姻亲和人际交往等信息。

清流墓群为目前重庆地区发现的单体规模最大、墓葬数量最多、结构最为完整的宋代家族墓地，对研究北宋时期川渝地区家族墓地的墓地布局、营建过程以及丧葬观念等具有较为重要的意义。墓中的壁画是川渝地区宋代绘画艺术的珍品，填补了重庆地区宋代壁画墓考古发现的空白，为研究北宋中期的绘画艺术、绘画流派等画史问题提供了极为珍贵的材料。墓室石作结构反映的石料

M1 后龛雕刻
Carvings on the Back Niche in Tomb M1

M1 横梁与券石雕刻
Carvings on the Transverse Beam and Arched Stones in Tomb M1

M2 后龛雕刻
Carvings on the Back Niche in Tomb M2

M3 中部藻井卷草雕刻
Grass-patterned Carvings on the Caisson Ceiling in Tomb M3

M3 西侧过梁花卉雕刻
Floral-patterned Carvings on the Western Crossbeam in Tomb M3

M3 横梁花卉雕刻
Floral-patterned Carvings on the Transverse Beam in Tomb M3

加工、石材起重、石活安装等信息是川渝地区宋代石作工匠团体的智慧结晶，对研究宋代的石作技术、石作制度以及手工业发展等具有重要价值。

出土墓志详细记载了郑氏家族入仕任职的情况，其时代正值王安石变法和元丰改制前后，揭示了五代至北宋时期，世家大族迁徙、发展的历史以及南迁后的世家大族之间的交往、姻亲关系，尤其郑氏家族"以殖产自厚"而至郑顗进士及第后成为显族的发展历史，为探讨"唐宋之变"提供了新的视角，为研究北宋中期的职官制度、社会改革等提供了出土文献佐证。

（供稿：张春秀　牟俊杰　娄亮　牛英彬）

M2 墓志出土情况
Epitaph Unearthed from Tomb M2

M1 右侧壁壁画
Mural on the Right Wall of Tomb M1

M1 左侧壁壁画
Mural on the Left Wall of Tomb M1

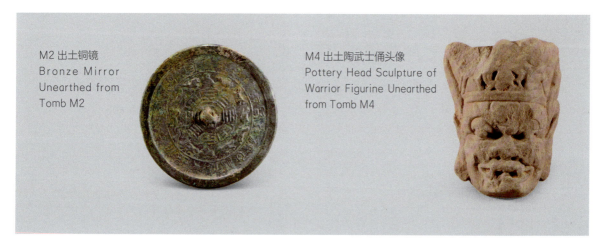

M2 出土铜镜
Bronze Mirror
Unearthed from
Tomb M2

M4 出土陶武士俑头像
Pottery Head Sculpture of
Warrior Figurine Unearthed
from Tomb M4

M1 右门柱
Right Entrance Column of Tomb M1

M1 左门柱
Left Entrance Column of Tomb M1

The Qingliu Cemetery is located in the southeastern part of Qingliu Subdistrict, Qingliu Town, Rongchang District, Chongqing. From December 2023 to May 2024, the Chongqing Institute of Cultural Relics and Archaeology conducted a rescue excavation of four Song Dynasty stone-chamber tombs at this site. Among them, M1 and M2 form a joint burial for a married couple, constructed as separate chambers within the same burial mound, while M3 and M4 are both single-chamber tombs. The tombs consist of five main components: the burial mound, grave pit, passageway, burial chamber, and drainage network. The burial chambers are built with stone and feature exquisite carvings and murals. Three epitaph inscriptions were unearthed, documenting the genealogy of the Zheng Family from the mid-to-late Northern Song Dynasty. The Qingliu Cemetery represents the largest and most well-preserved Song Dynasty family cemetery discovered in the Chongqing region, with the highest number of tombs found at a single site. The murals within the tombs stand as remarkable examples of Song Dynasty painting in the Sichuan-Chongqing region and fill a significant gap in the archaeological study of Song Dynasty mural tombs in Chongqing. This excavation provides valuable material for understanding the burial structures, tomb layouts, and funerary customs of the mid-to-late Northern Song period in the Chongqing area.

陕西西安北里王
北宋范氏家族墓地

NORTHERN SONG DYNASTY FAN FAMILY CEMETERY IN BEILIWANG, XI'AN, SHAANXI

北宋范氏家族墓地位于陕西省西安市长安区韦曲街道北里王村北，地处洪固原西北边缘的缓坡地带，北距北宋京兆府约8公里。此处地势高亢，海拔433.5米，是隋唐时期墓葬密集区，分布有较多的北朝至唐代墓葬。2022年底至2024年，为配合基本建设，经国家文物局批准，西安市文物保护考古研究院对北里王DK2项目用地范围进行了发掘，共清理汉代至清代墓葬1000余座。其中，10座墓可确认为北宋范氏家族墓，有20座疑似其家族墓葬。

范氏家族墓地位于北里王DK2发掘区的西南部，可分为东、西两区。

东区有墓葬5座，均坐东朝西，其中规模较大的三座墓葬（M1071、M470、M1008）近"品"字形分布，两座小型墓葬（M979、M980）位于M470的南侧，其中M1071和M470出土有墓志。

发掘区正射影像
Orthophotograph of the Excavation Area

0　　　50m

190

M470
Tomb M470

M470 位于东区西排，是该墓地中规模最大的一座。此墓为带四个过洞、四个天井的长斜坡墓道土洞石椁墓，全长 26.2 米，方向 271°。墓道位于西侧，平面呈西宽东窄的梯形，开口略窄，底部较宽，底部呈斜坡状，中间为均匀的阶梯一直延伸至第三过洞东部，共 42 级，台阶上可见踩踏面。四个过洞均为拱顶土洞结构，长 1.8 ～ 2.05、宽 1.86 ～ 1.92、高 1.6 ～ 1.9 米，过洞两壁修整较光滑。四个天井中第一至第三天井平面基本相同，呈长方形，开口长 1.8、宽 0.8 ～ 0.9 米，第四天井与前三个天井不在同一轴线上，平面呈西窄东宽的梯形，开口长 3.1、宽 0.94 ～ 1.2 米，此天井西端南北两壁上错落分布有三角形脚窝，东壁上方有仿木结构建筑土雕和假圆拱门。封门分为上、下两层，上层为砖封门，对应墓室上层，下层为方木封门，对应墓室上下层之间的垫土。墓室为拱顶土洞结构，高 4.36 米，墓室内分为上、下两层，两层之间有厚 1.16 米的垫土。墓室上层主要放置随葬器物——南侧中部有一侧室，侧室西部放置墓志一合、东部放置陶簋等器物；北侧偏西有一壁龛，龛内放置墓志一合，墓志上及周围有铜执壶、铜盏托等；中部因盗扰，器物较为凌乱，有瓷罐、瓷盏、瓷渣斗、陶簋、陶砚、铜

M470 第四天井东壁仿木结构建筑土雕
Earthen Imitation of Wooden Architectural Structures on the Eastern Wall of the Fourth Building Patio of Tomb M470

M470 石椁内部
Interior of the Stone Coffin of Tomb M470

M470 石椁底部结构
Bottom Structure of the Stone Coffin of Tomb M470

M251 韩氏墓志出土情况
Epitaph of Han from Tomb M251

盆、铜钵、铜六足炉、铁剑、漆盒、石磬等。墓室下层放置棺椁，椁室较墓道底部低 1.1 米，先下挖一方坑，然后在坑内组装石椁，石椁均是利用废弃的神道碑裁切组装而成，部分石碑残存圭形碑额及两侧高浮雕的龙爪图案。石椁外轮廓长 2.7、宽 2.14、高 1.3 米。整个椁室由一块前挡板、一块后挡板、两块侧板、三块盖板、底部中间一块分隔条石、四周立板下条石等组成。底部四周条石上均开凿有凹槽，用以嵌放立板，南北两侧板和前后挡板之间以榫卯结构组合，所有石板缝隙间均用石灰进行密封。石椁底部无底板，而是填以沙土。石椁内葬两人，根据随葬器物特征及墓志，可确定南侧墓主为范祥，北侧墓主为范祥夫人苏氏。

西区墓葬较多，由南北两个小家族墓园和两侧的祔葬墓组成。北区小家族墓园有墓葬 7 座，自南向北分为四排，两座墓（M434、M417）出土墓志。南区小家族墓园有墓葬 8 座，自南向北分为三排，六座墓（M392、M251、M391、M378、M345、M360）出土墓志。

M378 位于南区中间一排的最西侧，坐北朝南，为竖穴墓道砖室墓，平面近"甲"字形，全长 6.42 米，方向 176°。墓道位于墓室南侧，平面近南窄北宽的梯形，长 2.9、宽 0.84 ~ 0.9 米。墓道南端东西两壁有三角形脚窝。封门位于甬道口，以砖砌筑。甬道位于墓室之南，券顶。墓室平面呈长方形，自南向北略向西斜，建造方式是先掏挖土洞，然后在洞内用条砖砌筑墓室，条砖缝隙间填以黄色三合土，墓室底部为两层方砖对缝平铺，土洞长 3.02、宽 2.24 ~ 2.32 米，砖室内长 2.68、宽 1.9、高 1.9 米。墓室券顶为条砖纵向对缝立券，然后将多余的完整条砖纵向平铺于券顶之上，再用残缺的砖块横向压缝。该墓保存完好，墓室内无淤土，四周砖壁上黏附有褐色朽木渣，推测墓室曾被雨水灌淹过，灌淹高度约 0.8 米。墓室内有一木棺，棺木已朽，两侧近南北两端处各有一铁棺环。该墓未被盗扰，随葬器物基本处于原位。其中，墓志志石、志盖分离，靠墙侧立于两边，字面皆朝向墓室。随葬器物散置于棺内外，有瓷梅瓶、瓷碗、瓷盏、陶砚、

M378 砖封门
Brick Sealed Door Wall of Tomb M378

M378 墓室砖券顶
Brick Vaulted Roof of the Chamber of Tomb M378

M378 甬道及墓室
Passageway and Chamber of Tomb M378

铜盆、铜镜、铜带扣、铁执壶、铁暖炉、铁剪、铁牛、漆盏、漆套盒、锡注碗、银筷、银勺、玉石纸镇、海贝、铜钱等。据墓志可知，墓主为范锡嫡长子范瑞，卒于宣和元年（1119年）三月一日，终年34岁，墓志由苏晒撰文，邵伯温书并题盖，李知本和姚彦刊刻。

　　10座袝葬墓位于北区的东西两侧，其中东侧的6座坐东朝西，西侧的4座坐西朝东。墓葬埋深普遍较浅，多深不足2米，墓葬规模较小，人骨多已朽无存，部分墓室底部以方砖铺地，部分可见一列条砖或方砖铺成的棺床，部分仅见棺木痕迹，棺床和棺痕尺寸皆较窄小。此类墓葬大多无随葬器物或只随葬一两件器物，有铜镜、铜钵、铁剪、银钗、骨梳、铜钱、铁钱等，其中M403和M425出土直径3.6～4.1厘米的银镯，显然是儿童所用。综合分析，这批埋藏浅、规模小的东西向墓葬应是范氏家族的未成年人袝葬墓。

　　据出土墓志可以确定，范氏家族墓地至少从北宋仁宗庆历七年（1047年）延续至徽宗宣和五年（1123年），使用超过77年，葬有范氏家族自范忠恕起，包括范祥、范襄、范锡、范瑞等五到六代人，时间跨度涵盖了整个北宋后半期。通过发掘可以确认，该墓地经过东区、西区两次大的规划，西区内的小家族又有相对独立的墓园，小家族墓地内采取父南子北、以嫡长子为核心的

排列方式，小家族同辈兄弟之间或以昭穆排列，或以长幼次序排列。本次发掘的纪年墓葬多为夫妻合葬墓，有双人、三人合葬的情况，夫妻双人合葬的为男左女右，夫妻三人合葬的为夫居中、前夫人居左、继夫人居右。总体来看，这些葬制都体现了北宋"父为子纲""夫为妻纲""以左为上"的礼制观念。

　　范氏家族墓地相比其他北宋家族墓地而言，墓葬形制更为多样和独特，有长斜坡墓道（带天井、过洞）土洞石椁墓（或为石室墓）、竖穴墓道土洞石椁墓、竖穴墓道砖壁土洞墓（或为砖椁墓）、竖穴墓道砖室墓、竖穴墓道土洞墓等，有的墓道一侧还掏挖有偏洞室。墓葬大多保存完好，出土器物丰富，有瓷、陶、铜、铁、锡、金银、玉石、骨、漆木等器物500余件，涵盖了饮食器类（包括茶具、酒具、食器）、化妆及装饰品类、文房用具类、盛储装食类、镇墓器类、礼器类、日用杂器类等多种品类，为北宋生活、丧葬器用研究提供了新材料。另外，M434和M470两座墓葬的石椁多由废弃的神道碑组成，其中M434盖板中有一块为唐代李辅国神道碑残碑，M470石椁底部中间条石上残存有文字，经查阅文献可确定为唐代韦虚心神道碑，M434东隔板和M470一块盖板也可确定为唐代神道碑，惜文字经打磨后漫漶不清，具体内容不详，这些发现不仅为唐代神

M378 墓室北端随葬器物出土情况
Burial Artifacts Unearthed from the Northern End of the
Chamber in Tomb M378

M434 随葬器物出土情况
Burial Artifacts Unearthed from Tomb M434

M1071
Tomb M1071

M967
Tomb M967

道碑的遗失提供了线索，而且为探讨北宋商业经营理念提供了实物资料。

本次发掘的 10 座纪年墓葬共出土墓志 19 方，内容丰富，信息量大。据墓志可知，范氏家族成员历官多在北宋西北六路，为北宋后期西北地区的社会治理和西北御边做出了突出贡献。这些墓志的出土不仅有利于北宋邠州范氏家族的研究，而且有利于北宋科举、荫补、职官、外命妇等政治制度的研究。

范氏家族墓地是陕西境内继蓝田吕氏家族墓园以后发现的又一个北宋士大夫阶层的大型家族墓地，是国内宋代考古的又一新发现。本次发掘较完整地揭示了范氏家族的墓地布局，为北宋家族墓地研究以及关中地区丧葬制度和礼制观念的研究提供了新资料。

（供稿：张小丽　郭昕　朱连华　郭辉）

M251 出土青白釉葵口盏
Qingbai-glazed Cup Unearthed
from Tomb M251

M391 出土玻璃杯
Glass Cup Unearthed
from Tomb M391

M434 出土金簪
Gold Hairpin Unearthed from
Tomb M434

M251 出土 "卍" 字纹石香薰盒
Stone Censer Box with "卍" Motif
Unearthed from Tomb M251

M378 出土瓷器
Porcelain Artifacts Unearthed from
Tomb M378

M392 出土 "亚" 字形铜镜
Bronze "亚" -shaped Mirror Unearthed
from Tomb M392

M378 出土文房用具
Stationery and Writing Utensils
Unearthed from Tomb M378

M360 出土茶叶末釉双耳瓜棱罐
Chayemo-galzed Double-handled Jar
Unearthed from Tomb M360

From late 2022 to 2024, the Xi'an Municipal Institute of Cultural Relics Protection and Archaeology conducted an excavation at the Fan Family Cemetery of Northern Song Dynasty, located in Beiliwang Village, Weiqu Subdistrict, Chang'an District, Xi'an, Shaanxi Province. A total of 30 tombs were uncovered, divided into eastern and western sections. The eastern section contains five tombs, all oriented east to west. The western section consists of 25 tombs, comprising two smaller family cemetery in the north and south, as well as affiliated burials, all oriented north to south. The Fan Family Cemetery is the second large-scale Northern Song aristocratic family cemetery discovered in Shaanxi, following the Lantian Lü Family Cemetery. It was in use from the 7th year of the Qingli era (1047) to the 5th year of the Xuanhe era (1123), spanning five to six generations of the Fan family. The cemetery exhibits a well-organized layout, diverse tomb structures, and a wealth of burial artifacts. Its discovery provides new material for the study of Northern Song family cemeteries, daily life and funerary objects, as well as the burial customs and ritual concepts of the Guanzhong region.

重庆酉阳钟灵山
酉州冉氏土司墓地

YOUZHOU TUSI CEMETERY OF THE RAN FAMILY IN ZHONGLING MOUNTAIN, YOUYANG, CHONGQING

钟灵山墓地位于重庆市酉阳土家族苗族自治县桃花源街道钟灵山山脊中部。墓地左方酉阳河自北向南流经，右方为凤凰山、翠屏山，前方远眺酉州府衙。据《冉氏族谱》《酉阳直隶州总志》等文献记载，钟灵山墓地葬有自十五世土司冉云至末代土司冉元龄在内的土司及其夫人等共12人，是酉阳冉氏土司及其家人墓葬分布最为集中的一处家族墓地。墓地中心地理坐标为北纬28°51′06.7423″，东经108°46′24.0676″，海拔772米。

2024年4～10月，重庆市文物考古研究院联合国家文物局考古研究中心对钟灵山墓地进行了主动性考古发掘，发掘面积600平方米，共清理墓葬13座，重点发现和清理了一批明清时期大型土司墓葬，出土了一批明代中晚期金银器、玉器及陶瓷器。

墓地内墓葬可分为石室墓、砖石混筑墓、土坑墓、砖室墓、灰椁墓五种类型，年代从明代中期延续至清代晚期。石室墓和砖石混筑墓可分单室和多室两类，其中根据墓室不同又可分两型，一为墓室分前后室，另一为墓室不分前后室。发掘情况表明，墓地内墓葬自明代中期至清代晚期，墓室平面经历了从不分前后室到分前后室，再到不分前后室的过程，同时又伴随着墓室内壁龛及藻井从有到无，最终趋于无雕刻的整体变化过程。

据文献记载及考古发现，冉氏各土司墓，均系世袭土司专地入葬。冉氏土司和其所辖土司墓葬没有同葬同一墓地的情况，有着较为明显的等级差别。一处土司墓地内，往往安葬多位冉氏土司，有父子同葬亦有隔代或隔数代葬于同一墓地的情况。冉氏土司墓地主要集中分布于三处，分别为李溪官坝村、铜鼓簸箕井及县城钟灵山。三处均为冉氏土司治所之所在，冉氏土司治所的变迁往往伴随着土司墓地的变化。冉氏土司墓往往修建有体量较大的墓前建筑，包括石坊、拜台等，特别是明代中晚期以降，石坊、拜台似以组合形式出现于土司墓前。钟灵山土司墓墓前建筑多有损毁，仅冉云墓前残存部分拜台，据同治《酉阳

直隶州总志》记载，钟灵山墓地曾有石坊、石马存在。墓前建筑保存较好的为官坝墓地的冉跃龙墓，其设三级平台，各级平台逐级抬升直至墓前，其中第二级平台树立墓碑，第三级平台面积最大，轴线位置竖立有石牌坊，左右两侧立望柱。墓前建筑作为墓外祭祀体系的重要组成部分，冉氏土司墓顺应了墓葬装饰自内向外的转变。

冉氏土司墓葬多以家族墓地形式分布，各时期墓葬分人各入墓地集中入葬。每个墓地一般分布有数座土司墓葬，如李溪官坝墓地有二世至十世土司墓，铜鼓簸箕井墓地有十三世、十四世土司墓，钟灵山墓地有十五世、十六世、十八世、十九世、二十一世及二十四世土司墓。从钟灵山墓地观察，墓地有一个肇建墓地的先祖，后世土司入葬只能安排在其前、其侧，并以左先右后的顺序依次祔葬。钟灵山墓地葬法应为商姓昭穆葬，冉氏属"商"音，其葬穴为壬、丙、庚、辛、丁、甲，其中壬穴为尊穴，以此为尊祖入葬，其后世依次葬入丙、庚、辛、丁、甲诸穴中。钟灵山墓地从确定的土司墓穴的关系看，是严格按照昭穆制度入葬的。十五世冉云为先祖葬入壬穴，即尊穴，其子十六世冉舜臣入葬其左前方丙穴，即昭穴，十八世冉元入葬其右前方靠后的庚穴，即穆穴，以此类推，二十四世冉元龄入葬其左前方靠后的甲穴。西阳多山地，地势高低不平，冉氏墓穴在排列时或亦受此影响，未能严格商姓昭穆葬法选穴，而是因地制宜选穴于山梁位置，但仍遵循了五音利姓中商音墓穴应该在的方向。而冉氏商姓昭穆制的葬次，在钟灵山墓地体现最为典型。

钟灵山墓地是重庆地区首次发现的土司大型家族墓地，填补了西阳冉氏土司墓葬的空白。钟灵山墓地作为冉氏土司专属的家族墓地，实行昭穆祔祖而葬制，体现了对宗法制度的传承与尊崇。冉氏土司墓对儒家礼仪的追求，亦是冉氏自身对"中原"身份的认同和与夷人区别的表达，更表现出冉氏"变其土俗同于中国"的努力。羁縻之治和土司制度的本质乃因地形、文化的阻力，中央王朝在尚无法实施统一管理的边疆民族地区推行高度自治的政策以维护国家一统。故而这些区域在文化上往往呈现出与华夏核心同中有异的特点，这在西阳冉氏土司钟灵山墓地中有着充分的体现。

此次考古工作，对西阳冉氏土司的丧葬文化、区域历史地理等多方面的研究都具有重要的学术

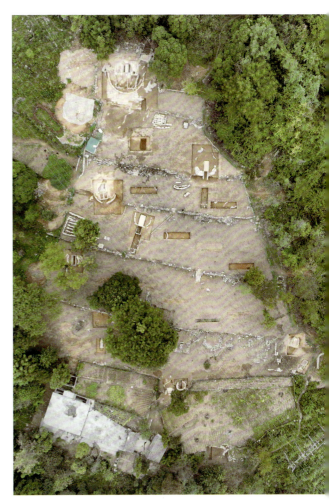

墓地全景
Full View of the Cemetery

明代土司墓（四室）
Tusi Tomb of Ming Dynasty (four-chamber)

明代土司墓封土剖面
Profile of the Tusi Tomb Mound of Ming Dynasty

明代土司墓（三室）
Tusi Tomb of Ming Dynasty (three-chamber)

明代土司墓（双室）
Tusi Tomb of Ming Dynasty (double-chamber)

明代土坑墓
Earthen Pit Tomb of Ming Dynasty

明清大型石室墓
Large Stone-chamber Tomb of Ming-Qing Period

清代第二十四世土司冉元龄墓
Tomb of the 24th-generation Tusi, Ran Yuanling, of the Qing Dynasty

价值；同时，对于渝东南地区乃至西南地区的土司考古工作也具有积极的作用。钟灵山墓地是重庆地区首次开展对土司墓地的考古发掘，明确了该墓地就是西阳冉氏土司官陵之一，是西阳土司文化研究的重要突破，填补了西阳冉氏土司墓葬研究的空白。

重庆地区的土司遗存集中分布于渝东南的黔江、西阳、秀山、石柱、彭水一区四县，遗存数量多、类型丰富。近年来，重庆市文物考古研究院针对石柱、西阳开展了多个专项土司考古工作，其中，西阳土司是重要的工作对象，包括官坝遗址、后溪土司遗址、老寨遗址、何土司城遗址等。此次针对钟灵山墓地的考古发掘，进一步深化了西阳的土司考古工作，是西阳土司文化研究的突破，也是重庆地区土司考古工作的深化。

（供稿：唐勇　代玉彪）

明代陶罐
Pottery Jar of Ming
Dynasty

明代青花碗
Blue-and-white Bowl
of Ming Dynasty

第二十四世土司冉元龄墓碑拓片
Rubbing of the Tombstone Inscription of
the 24th-generation Tusi, Ran Yuanling

清代玉簪
Jade Hairpin of Qing Dynasty

明代银手镯
Silver Bracelets of Ming Dynasty

明代金耳坠
Gold Earrings of Ming Dynasty

The Zhonglingshan Cemetery is located in the central ridge of Zhongling Mountain, Taohuayuan Subdistrict, Youyang Tujia and Miao Autonomous County, Chongqing. It is the most concentrated burial site of the Ran family Tusi and their family members and the first excavated cemetery in Chongqing where Tusi tombs are densely distributed. From April to October 2024, the Chongqing Institute of Cultural Relics and Archaeology, in collaboration with the National Centre for Archaeology, conducted an excavation at the Zhonglingshan Cemetery. The excavation covered an area of 600 square meters, uncovering 13 tombs of various types, including stone-chamber tombs, mixed brick-and-stone tombs, earthen pit tombs, brick-chamber tombs, and gray-coffin tombs. A collection of gold and silver artifacts, jade objects, and ceramics was unearthed. This excavation has provided a comprehensive understanding of the distribution, preservation, structural forms, and funerary practices of the Ran family Tusi burials in Youyang, offering valuable material for the study of Tusi culture in Southwest China.

江西景德镇
元明清制瓷业遗址群

*PORCELAIN INDUSTRY SITES OF YUAN, MING AND QING
DYNASTIES IN JINGDEZHEN, JIANGXI*

观音阁窑址

御窑厂遗址

景德镇陆路交通网络相关遗迹

瑶土庙窑迹

天后宫　洛真亭遗迹

景德镇水运交通网络相关遗迹

落马桥遗址

景德镇市位于江西省东北部，是我国重要的陶瓷生产中心之一。根据文献记载，景德镇的陶瓷手工业生产始于汉代，宋代时已达到"村村窑火，户户陶埏"的盛景。明清时期，由于瓷业发展的巨大膨胀，景德镇吸引了全国的工匠与商人，文献记载其"五方杂处""十八省码头"，窑户与商铺占人口的十之七八，形成了以瓷业为核心的工商业城市，展现出强大的产业活力。

为进一步挖掘景德镇瓷业文化的内涵，助推景德镇申遗工作，2024 年，经国家文物局批准，中国社会科学院考古研究所、国家文物局考古研究中心、故宫博物院、北京大学考古文博学院、江西省文物考古研究院和景德镇市陶瓷考古研究所对景德镇 14 个相关遗址点进行了针对性发掘，根据发掘对象分为镇区瓷业发展、原料来源产区、燃料来源产区、道路交通网络和多元宗教信仰五部分。

镇区瓷业发展部分主要针对御窑厂遗址和以

落马桥遗址、观音阁窑址为代表的景德镇民窑进行发掘，揭示了明清两代御窑厂的历史变迁和南宋至近代镇区民窑的发展脉络。在御窑厂遗址揭露了明代御窑厂东墙、西墙南段、排水系统和清代东辕门建筑遗存，用考古证据确定了明清时期御窑厂的四至变迁。西门内发掘区出土了明永宣时期烧造龙缸的窑炉遗迹。在落马桥遗址发现了元代晚期的建筑基址、明代中期的葫芦窑、清代的镇窑、近现代的圆窑等以及各时期的作坊遗迹和柴、沥青等燃料储存库，证明了以落马桥遗址为代表的景德镇民窑在明清两代窑业技术的变迁和调适。在观音阁窑址揭露出不同时期的地层堆积和作坊遗迹，展现了该区域从南宋至元代、明代中期至明末清初的瓷业生产盛况与面貌变迁，明代晚期规模宏大、类型多样的制瓷作坊遗迹，反映出这一时期景德镇民窑实现了规模化生产和精细化分工。此外，出土的"官搭民烧"瓷器标本实证了御窑和民窑之间的窑业技术互动，克拉克瓷器的出现说明以观音阁窑址为代表的景德镇民窑已加入全球化瓷器贸易体系中。更值得提及的是，御窑厂遗址中永乐时期瓷泥层、嘉万时期瓷石堆积和观音阁窑址明代晚期瓷石堆、尾砂堆积坑，实证了文献记载的在景德镇城内以石杵、臼加工瓷石的证据，是文献记载中"万杵之声殷地，火光烛天"的考古学反映。

原料来源产区、燃料来源产区两部分的发掘是景德镇地区首次针对此类遗存进行的科学考古工作。在高岭瓷土矿遗址发现了与瓷土开采、加工相关的三期实物遗存，分别为清代中期以前的矿脉、清代中晚期的大量尾砂堆积和晚清至民国的淘洗池等，不仅发现了有直接叠压关系的三期高岭土开采、加工遗存，亦厘清了高岭土矿和加工作坊的关系，在宏观层面明晰了高岭土的开采有选矿、露天开采等不同程序，以及轮耕式的不同地点轮换作业的生产特点。在方家山发掘区勘探有厚9.8米的尾砂堆积，调查发现数十处淘洗池组合，证明该地高岭土开采在清代已成规模，并形成了产业集群。此外，出土了"白土"铭试料块，将高岭瓷土开采和镇区瓷业生产联系起来。在东埠明清码头和古街的考古工作证明，清代中晚期因高岭土转运经济的发展，东埠村规模扩大，开始向河边滩地拓展。在长明大午坑明矿遗址进行发掘，根据出土遗物判断其开采时间不晚于清代中期。建溪河是景德镇窑柴料的重要产区，对建溪码头和樟村坞码头的考古发掘，揭示了码头的建筑结构。码头整体布局呈"人"字形，主体由码头石阶、护岸、登岸石阶、护墙等部分构成。出土瓷片显示建溪码头始建年代不早于明晚期，樟村坞码头始建年代为清晚期。由此可以看出，明代晚期至清末，窑柴运输码头数量有所增加，证明这一时期镇区对燃料的需求量显著增加，侧面印证了镇区瓷业生产规模膨胀的历史事实。

道路交通网络部分主要是选取詹家下弄、刘家下弄、狮子下弄三个弄里街巷进行了局部考古发掘。三个区域均位于景德镇城区前街以西，根据地勘资料，该处在宋代以前为河滩地，宋代至清初，由于镇区瓷业的不断发展，大量窑业垃圾在此处堆叠，厚度有十几米，进而形成了现在所见的地貌。考古发掘揭露了大量道路、地下水沟、房址、作坊等建筑遗迹，其中街道、水路走向表明前街以西地区是对前街以东各上弄的自然延

御窑厂遗址明早期龙缸窑址（上为西）
Longgang Kiln Site at the Yuyaochang Site (west at the top)

落马桥遗址西南区域正投影（上为北）
Orthophotograph of the Southwestern Area of the Luomaqiao Site (north at the top)

伸，表明这一时期，从前街以东区域通往昌江的交通需求不断加强，揭示了景德镇因瓷业发展导致的城市变迁。本次考古工作厘清了清代至民国时期镇区的街区肌理和道路形态，推进了从城市发展的角度观察和研究景德镇市镇的演变过程，反映出城市发展过程中的人地关系。

多元宗教信仰方面主要从泗王庙、天后宫和清真寺等遗址入手，考古发掘结果显示，因瓷业发展，社会多元化加强，因而产生了多元的宗教信仰。泗王庙和天后宫与水运信仰相关，说明水运在景德镇的生产和生活中居于重要地位。泗王庙前公用空间的考古发掘，证明了从清康熙以来300余年间，因人类活动和持续的建筑活动造成地平面的不断升高，其建筑群落基本是在旧有地基上加高后重复利用。天后宫作为海洋文化的象

落马桥遗址清代镇窑
Zhen Kiln of Qing Dynasty at the Luomaqiao Site

观音阁窑址 F4 作坊遗迹（左上为北）
House Foundation F4 Workshop Remains at the Guanyinge Kiln Site (north at the top left)

高岭瓷土矿遗址淘洗池、晾晒场、排水沟
Washing Basins, Drying Fields, and Drainage Channels at the Gaoling Mine Site

御窑厂遗址东门外发掘区瓷泥层
Porcelain Clay Layer in the Excavation Area outside the Eastern Gate of the Yuyaochang Site

建溪码头护墙 Q5
Wall Q5 of Jianxi Wharf

詹家下弄道路及南北两侧砖墙遗迹（北—南）
Roadway and Brick Wall Remains on its North and South
Sides of Zhanjiaxianong (N–S)

刘家下弄道路及其南侧城下水道、制瓷手工业作坊（上为北）
Roadway, Southern City Drainage System, and Porcelain
Production Workshop of Liujiaxianong (north at the top)

樟村坞码头（上为南）
Zhangcunwu Wharf (south at the top)

天后宫 F7（东北—西南）
House Foundation F7 of Tianhougong (NE-SW)

清真寺大殿柱础（ZC1）
Column Base (ZC1) of the Main Hall of the Mosque

泗王庙内部清代晚期地面与砖墩（上为北）
Ground Surface and Brick Piers inside Siwangmiao of Late Qing Dynasty (north at the top)

征，是新航路开通后，福建商人参与景德镇瓷器的全球贸易活动并定居景德镇的实物证据。清真寺礼拜殿院内的发掘，揭露了清早期至中期清真寺区域建筑格局的发展变化历程。出土遗物证明，清真寺所在地从南宋晚期以来一直有瓷器生产活动，该区出土的阿拉伯幻方瓷、藩王用器、官搭民烧瓷器、道教用瓷、外销瓷等，揭示了其产品的丰富流向和其所面向的广大消费人群，以及复杂的文化交流情况。

通过对景德镇瓷业文化全产业链的考古发掘，主要取得了六点认识：

第一，首次考古证实了景德镇的城市布局具有交通网络和排水网络等，发现了古代对交通、水运、排水系统的管理条例。

第二，发现了明末清初景德镇瓷器生产的规模化造成社会构成的巨大革新，即由前街（店）后厂的模式向行帮制的转变的考古学证据。

第三，进一步证实了明代晚期御窑技术对景德镇瓷器生产的深刻影响，带动了景德镇瓷器生产技术的整体提高，为景德镇成为"瓷都"奠定了技术基础。

第四，通过此次考古发掘，厘清了从宋到清的瓷业手工业发展不同阶段在景德镇的变化情况，尤其是明代中期到晚期和清代前期的两次社会大分工，实现了瓷器生产内部的分工和原料加工以及产品销售的分工。

第五，证实了宋代景德镇全镇区已经存在广泛的瓷器生产，宋代至清初因瓷器生产和窑业垃圾填埋导致了前街（中山路）以西江滩的地貌变化。

第六，发现了服务于景德镇和与景德镇瓷器生产相关的不同人群来源和由此导致的景德镇地区信仰多元化的考古学证据，以及明代晚期景德镇瓷器大规模参与全球贸易和清乾隆以后景德镇瓷器流行于新疆等西北地区运销商业人群的考古学证据。

（供稿：李兆云　翁彦俊　丁雨　王睿

许超　孟原召　徐海峰　王光尧）

天后宫出土明代晚期青花碗
Blue-and-white Bowl of Late Ming
Dynasty Unearthed from Tianhougong

清真寺出土清代早期青花杯
Blue-and-white Cup of Early
Qing Dynasty Unearthed from
Mosque

泗王庙出土青花灵芝纹碗
Blue-and-white Bowl with *Lingzhi*
Design Unearthed from Siwangmiao

御窑厂遗址出土瓷鸟食罐
Porcelain Bird-feeding Jar
Unearthed from Yuyaochang
Site

高岭出土"白土"铭试料器
Test Vessel with Character
"Baitu" Unearthed from
Gaoling

观音阁窑址出土克拉克瓷盘
Kraak Porcelain Plate Unearthed from the
Guanyinge Kiln Site

清真寺出土清代早中期瓷幻方盘
Porcelain Plate with Huanfang Pattern of Early-
Mid Qing Dynasty Unearthed from Mosque

In 2024, to further explore the cultural significance of Jingdezhen's porcelain industry, the Institute of Archaeology, Chinese Academy of Social Sciences, along with other institutions, conducted targeted excavations at 14 related sites in Jingdezhen.This project, for the first time, has fully revealed the urban development trajectory centered around the porcelain industry. Archaeological remains such as the enclosing walls and the eastern gate of the Yuyaochang Site provide crucial evidence for reconstructing its historical boundaries and transformations. The Luomaqiao Site and Guanyinge Kiln Site illustrate the evolution of kiln technology from the Southern Song period to modern times.At the Gaoling Mine Site, remains from Qing Dynasty mining activities were discovered, revealing an open-pit extraction and rotational operation system. Waste sand accumulations and clusters of washing basins reflect the industrial cluster development during the Qing period. The wharf remains of Jianxi and Zhangcunwu confirm a significant increase in the demand for kiln fuel from the late Ming to the late Qing period, indicating the expansion of porcelain production. The excavation of road and transportation networks demonstrates the porcelain industry's role in driving urban transformation. Meanwhile, the discoveries at Siwangmiao, Tianhougong, and the mosque provide direct archaeological evidence of cross-cultural exchanges facilitated by porcelain trade.